Sebastian Moll

Theologische Denkfehler

Bernardus-Verlag

Sebastian Moll

THEOLOGISCHE DENKFEHLER

Impressum

1. Auflage 2022

In der Verlagsgruppe Mainz

Printed in Germany

Bernardus-Verlag
Verlagsgruppe Mainz
Süsterfeldstraße 83
52072 Aachen

www.bernardus-verlag.de

Gestaltung, Druck und Vertrieb:
Druck & Verlagshaus Mainz
Süsterfeldstraße 83
52072 Aachen

www.verlag-mainz.de

Abbildungsnachweis (Umschlag):
https://de.wikipedia.org/wiki/Datei:Giotto_di_Bondone_009.jpg

ISBN-10: 3-8107-0358-3
ISBN-13: 978-3-8107-0358-3

INHALTSVERZEICHNIS

I. DER WERT DES RICHTIGEN DENKENS

Warum ›Rechthaber‹ eigentlich ein Kompliment ist

»Jesus war kein Rechthaber, sondern ein Liebhaber.« Seit Jahren schon geistert diese Formulierung durch die theologische Landschaft und soll so viel besagen wie: Streitet nicht über theologische Fragen, sondern habt Euch einfach nur lieb, denn Jesus hat es ebenso getan! Es handelt sich um eine jener Aussagen, die von einer solch gottlosen Dämlichkeit sind, dass man gar nicht weiß, wo man anfangen soll, sie zu widerlegen.

Zunächst einmal möchte man fragen, ob sich ihre Urheber bzw. Vertreter darüber im Klaren sind, was man in der deutschen Sprache für gewöhnlich unter einem ›Liebhaber‹ versteht. Aber das könnte man noch als einen – wenngleich wenig geistreichen – Versuch einer überspitzten Formulierung durchgehen lassen. Gewichtiger ist die Frage, ob diese Leute auch einmal einen Blick in die Evangelien geworfen haben, oder vollständig in ihrer eigenen Jesus-Projektion verharren. Wobei das natürlich eine rhetorische Frage ist, denn ganz offensichtlich kann ersteres nicht zutreffen. Hätten sie das Evangelium auch nur ein wenig studiert, wäre ihnen aufgefallen, dass Jesus sehr wohl andere Menschen belehrt und gegebenenfalls sogar harsch in ihren Irrtümern bloßstellt. Diejenigen, die Jesu Kritik am stärksten abbekommen, sind die Schriftgelehrten und Pharisäer, denen er im Matthäusevangelium ein ganzes Kapitel lang die Leviten liest. Ein kurzer Auszug:

»*Weh euch, ihr seid blinde Führer! Ihr sagt: Wenn einer beim Tempel schwört, gilt es nicht, wenn er aber beim Gold des Tempels schwört, gilt es. Ihr blinden Narren! Was ist wichtiger: das Gold oder der Tempel, der das Gold erst heilig macht? Auch sagt ihr: Wenn einer beim*

Altar schwört, gilt es nicht, wenn er aber bei dem Opfer schwört, das auf dem Altar liegt, gilt es. Ihr Blinden! Was ist wichtiger: das Opfer oder der Altar, der das Opfer erst heilig macht? Wer beim Altar schwört, der schwört bei ihm und bei allem, was darauf liegt. Und wer beim Tempel schwört, der schwört bei ihm und bei dem, der darin wohnt. Und wer beim Himmel schwört, der schwört beim Thron Gottes und bei dem, der darauf sitzt. Weh euch, ihr Schriftgelehrten und Pharisäer, ihr Heuchler! Ihr gebt den Zehnten von Minze, Dill und Kümmel und lasst das Wichtigste im Gesetz außer Acht: Recht, Barmherzigkeit und Treue.« (Matthäus 23,16–23)

Jesus stellt einige gravierende Fehler im Denken der Pharisäer heraus, er erweist sich also durchaus als Rechthaber. Der Begriff hat einen negativen Beigeschmack, aber wie so oft kommt es auf den Blickwinkel an. Ist Ihnen schon einmal aufgefallen, dass man nie jemanden als Rechthaber beschimpft, der falsch liegt? Zwar wird der Ausdruck meistens für Menschen verwendet, die mit enervierender Beharrlichkeit ihren Standpunkt kundtun, unabhängig davon, ob jemand danach gefragt hat oder nicht. Aber unter keinen Umständen würde man jemanden einen Rechthaber heißen, der ständig nur Unsinn von sich gibt, und sei es mit noch so großem Nachdruck. Für derartige Gestalten würden einem ganz andere Begriffe in den Sinn kommen.

Die Schriftgelehrten und Pharisäer dienen in den Evangelien als Negativfolie für die Verkündigung Jesu, aber nicht, weil sie standhaft auf ihrem Recht beharren, sondern weil sie im *Unrecht* sind. Deshalb weist sie unser Herr mit scharfen Worten zurecht und zeigt gerade dadurch seine Liebe, denn es steht geschrieben: »Ja, selig der Mensch, den Gott zurechtweist. Die Zucht des Allmächtigen verschmähe nicht!« (Hiob 5,17) Und noch deutlicher heißt es im Hebräerbrief: »Wen der Herr liebt, den züchtigt er.« (12,6) Da haben wir es also! Recht haben und lieb haben sind keineswegs Gegensätze, vielmehr gehören sie zusammen. Wer also seinen Nächsten in einem theologischen Irrtum verharren lässt, tut ihm keinen Gefallen, sondern versündigt sich an ihm.

Die Schriftgelehrten und Pharisäer sind Musterbeispiele dafür, wie falsches Denken zu falschem Handeln führt. Ihre falsche Kategorisierung und Priorisierung führen dazu, dass sie sich auf Kleinigkeiten und Formalitäten fixieren, während sie die entscheidenden Tugenden wie Glaube und Liebe außer Acht lassen. Das hat beispielsweise zur Folge, dass die Jesus unter Verweis auf das Sabbatgebot die Heilung eines Kranken untersagen wollen, worauf dieser, wieder mal rechthaberisch, mit den berühmten Worten reagiert: »Der Sabbat ist um des Menschen willen gemacht, nicht der Mensch um des Sabbats willen.« (Markus 2,27) Die falsche Selbsteinschätzung der Pharisäer macht sie zu eben jenen selbstgerechten Heuchlern, zu denen sie sprichwörtlich geworden sind. In völliger Verkennung ihrer eigenen Sündhaftigkeit spricht der Pharisäer im Tempel: »Gott, ich danke dir, dass ich nicht wie die anderen Menschen bin, die Räuber, Betrüger, Ehebrecher oder auch wie dieser Zöllner dort. Ich faste zweimal in der Woche und gebe den zehnten Teil meines ganzen Einkommens.« (Lukas 18,11–12) In beiden Fällen liegt die Ursache für ihr falsches Handeln in ihrem falschen Denken begründet, denn aus falschem Denken muss notwendigerweise falsches Handeln erwachsen – mit Ausnahme der wenigen Fälle, in denen auch mal ein blindes Huhn ein Korn findet.

Allerdings muss man sich vor einem vermeintlichen Umkehrschluss hüten. Falsches Denken führt immer zu falschem Handeln, aber keineswegs führt richtiges Denken automatisch zu richtigem Handeln. Das war einst die idealistische Vorstellung des Sokrates gewesen, doch wir Christen wissen um die Gebrochenheit der menschlichen Seele, in der nicht alles so geradlinig verläuft, wie es wünschenswert wäre. Der Apostel Paulus bringt es auf den Punkt »Wir wissen nämlich, dass das Gesetz selbst vom Geist bestimmt ist; ich aber bin fleischlich, das heißt: verkauft unter die Sünde. Denn was ich bewirke, begreife ich nicht: Ich tue nicht das, was ich will, sondern das, was ich hasse.« (Römerbrief 7,14–15)

Allein mit dem richtigen Denken wird man vor Gott nicht bestehen können, ein liebendes Herz wird hier entscheidend sein. Dennoch bleibt das richtige Denken eine notwendige, wenngleich nicht hinreichende Bedingung christlicher Existenz.

II. DAS WESEN DER RELIGION

Warum es nur eine richtige Antwort auf die Gretchenfrage gibt

»Nun sag, wie hast du's mit der Religion?«, lautet die berühmte Frage Gretchens an ihren geliebten Faust. Dieser, die Brisanz der Situation ahnend, windet sich um eine deutliche Antwort herum:

»Schau ich nicht Aug in Auge dir
Und drängt nicht alles
Nach Haupt und Herzen dir
Und webt in ewigem Geheimnis
Unsichtbar sichtbar neben dir?
Erfüll davon dein Herz, so groß es ist
Und wenn du ganz in dem Gefühle selig bist
Nenn es dann, wie du willst
Nenn's Glück! Herz! Liebe! Gott
Ich habe keinen Namen
Dafür! Gefühl ist alles
Name ist Schall und Rauch.«

Das gute Gretchen ist zwar angetan von den gelehrten Ausführungen ihres Gegenübers, gibt sich aber dennoch nicht damit zufrieden. Damit zeigt sie sich weiser als viele berühmte Theologen.

Goethe legt seinem Faust in diesen kurzen Zeilen gleich zwei Verständnisse von Religion in den Mund, die noch weit um sich greifen sollten. Da ist zum einen die Definition seines Zeitgenossen Friedrich Schleiermacher. In seinen berühmten ›*Reden über die Religion*‹ schreibt der angesehene Theologe im Jahre 1799: »Religion ist nur das unmittelbare Gefühl der Abhängigkeit des Menschen von Gott; es ist noch nicht durch den Begriff hindurch gegangen, sondern nur im Gefühl erwachsen. Das Gemüt ist wie der Sitz [...] der Religion. Daher muss alles Handeln und Thun ein religiöses werden. Die Offenbarung ist keine von obenher gekommene, außerordentliche Mitteilung, sondern das Bewusstwerden des eigenen innersten Lebens und einer neuen Anschauung des Unendlichen.« Bereits Schleiermachers späterer Kollege Hegel fand lediglich Spott für diese Definition: »Gründet sich die Religion im Menschen nur auf ein Gefühl, so hat solches richtig keine weitere Bestimmung, als das Gefühl seiner Abhängigkeit zu sein, und so wäre der Hund der beste Christ, denn er trägt dieses am stärksten in sich und lebt vornehmlich in diesem Gefühle. Auch Erlösungsgefühle hat der Hund, wenn seinem Hunger durch einen Knochen Befriedigung wird.«

Nun sollte man Schleiermachers Ansatz allerdings nicht in Bausch und Bogen verdammen. Zunächst einmal darf man ihn nicht in einem modernen Sinne missverstehen, als würde er der starken Emotionalität im Glaubensleben das Wort reden (siehe Denkfehler XX). Er hat auch insofern Recht, als das Gefühl der Abhängigkeit oder Rückbindung (re-ligio) tatsächlich konstitutiv für ein religiöses Leben ist. Schleiermachers Fehler besteht darin, dass er nur dieses allgemeine Gefühl gelten lässt und es bereits als vollständige Entfaltung von Religiosität betrachtet. In Wirklichkeit verhält es sich aber mit dem religiösen Gefühl ähnlich wie mit dem richtigen Denken (siehe Denkfehler I). Es ist eine notwendige, aber keine hinreichende Bedingung christlicher Existenz. Wenn Faust also sagt »Gefühl ist alles, Name ist Schall und Rauch«, so ist dies im Grunde nur eine kompaktere Ausdrucksweise für das Schleiermachersche »es ist noch nicht durch den Begriff hindurch gegangen, sondern nur im Gefühl erwachsen«. Mit seiner Behauptung, die Offenbarung sei keine von außen kommende Erscheinung, sondern ein innerer Bewusstseinsvorgang, hat Schleiermacher das traditionelle

Christentum im Sinne einer objektiven Offenbarungsreligion verlassen und stattdessen dem religiösen Subjektivismus die Tore geöffnet. Aus dem lutherischen *sola fide* wurde ein *sola fühle.*

Der zweite einflussreiche Definierer von Religion, dessen Ansatz sich bereits bei Goethe findet, war der evangelische Theologe Paul Tillich (1886–1965). Für ihn ist Religion das, »was uns unbedingt angeht«. Wenn man begreifen wolle, was Gott sei, so müsse man nur auf das schauen, von dem man gepackt und ergriffen wird. Nichts anderes formuliert unser Faust, wenn er Gretchen sein religiöses Empfinden als namenloses Ergriffensein von Glück, Liebe etc. zu erklären versucht. Doch Tillich geht weiter darüber hinaus. Wie man in Schleiermachers Worten die Epoche der Romantik spürt, so fühlt man durch Tillichs Seele den Geist des Existentialismus wehen. Schon der Titel seines berühmtesten Werks »Der Mut zum Sein« sowie darin enthaltene Kapitelüberschriften wie »Die Angst vor Leere und Sinnlosigkeit« verraten seine geistige Nähe zu Denkern wie Sartre oder Camus. Anders als diese beiden gab er sich zwar nicht dem Atheismus hin, plädierte aber – ähnlich wie Schleiermacher – für eine Überwindung von göttlicher Offenbarung und Theismus: »Der Mut, die Sinnlosigkeit in sich hineinzunehmen, setzt eine Beziehung zum Seinsgrund voraus, die wir ›absoluten Glauben‹ genannt haben. Er ist ohne spezifischen Inhalt, aber er ist nicht ohne Inhalt. Der Inhalt des absoluten Glaubens ist der ›Gott über Gott‹. […] Absoluter Glaube oder der Zustand des Ergriffenseins von dem Gott über Gott ist kein Zustand, der uns neben anderen Seelenzuständen zuteilwird. Er ist nichts Abgegrenztes oder Bestimmtes, kein Geschehnis, das isoliert und beschrieben werden könnte. […] Er ist kein Ort, wo man leben kann; er ist ohne die Sicherheit, die Worte und Begriffe vermitteln, er ist ohne Namen, ohne Kirche, ohne Kult, ohne Theologie.

Aber er ist in der Tiefe von ihnen allen wirksam. Er ist die Macht des Seins, an dem sie alle partizipieren und dessen fragmentarische Ausdrucksformen sie sind.« Mit dieser Haltung schaffte Tillich es 1959 immerhin auf die Titelseite des TIME Magazine.

Die einzig wahre Definition von Religiosität findet sich im Munde Jesu. Im Garten Getsemani, als seine Seele zu Tode betrübt war, spricht er: »Mein Vater, wenn es möglich ist, gehe dieser Kelch an mir vorüber. Doch nicht mein, sondern dein Wille geschehe!« Echte Religiosität meint die Bereitschaft, seinen eigenen Willen dem Willen Gottes zu unterwerfen. Und das schließt auch die Bereitschaft ein anzuerkennen, dass Gott manchmal andere Pläne und Vorstellungen hat als man selbst. An dieser Frage scheiden sich im Übrigen auch zumeist die Geister in theologischen Debatten. Die Trennlinien verlaufen nicht zwischen ›konservativ‹ und ›progressiv‹ oder katholisch und evangelisch. Vielmehr geht es ganz einfach um folgendes: Akzeptiere ich nur mein eigenes Inneres als gültige Autorität, oder akzeptiere ich die Offenbarung Gottes in Schrift und Tradition, auch wenn diese meinem Gefühl widerspricht. Daran hängt die Antwort, die man Gretchen geben kann.

III. DER EINSICHTIGE GLAUBE

Warum Vertrauen gut, aber Verstehen noch besser ist

Im vorangegangenen Text haben wir vor den Gefahren des Subjektivismus gewarnt und betont, wie wichtig die Unterordnung des persönlichen Empfindens unter den Willen Gottes ist. Nun darf man aber nicht in die Falle tappen zu meinen, man solle sich dem Willen Gottes auf Kosten seines Verstandes und der Vernunft unterwerfen. Das ist das Ideal des Islam, dessen Name ja nicht zufällig ›Unterwerfung‹ bedeutet. Im Islam gilt der Gehorsam gegenüber den Geboten Allahs als oberste Tugend des frommen Muslims, und zwar mit der ausdrücklichen Warnung davor, diese durch den Verstand ergründen zu wollen. So heißt es etwa in einem muslimischen Leitfaden für die Mission: »Es ist zwar nicht zu bestreiten, dass Schweinefleisch nicht das Beste und Gesündeste ist, dass das jedoch der Grund für das Verbot ist, wage ich nicht zu behaupten. Dass dieses Verbot uns von Gott im Quran gegeben wurde, ist für uns Muslime ausschlaggebend.« Auch in der berühmten Erzählung von der Opferung Isaaks (bzw. Ismaels, denn dieser ist es, der in der koranischen Version der Geschichte geopfert werden soll) wird diese Haltung deutlich. Während die christliche Theologie diesen Vorgang als Schlüssel zum Verständnis des Christusgeschehens begreift, bei dem Gott das auf sich nimmt, was Abraham und seinem Erstgeborenen am Ende erspart blieb, wobei Letzterer überdies völlig arg- und ahnungslos in die Situation hineingerät, wird die Geschichte im Koran folgendermaßen wiedergegeben: »[Abraham]: ›Mein Sohn, ich sehe im Traum, dass ich dich schlachte. So schau, was meinst du dazu?‹ Er sagte: ›Mein Vater, tu was dir befohlen wird; du wirst mich – so Gott will – unter den Geduldigen finden.‹«

Natürlich gilt auch im Christentum das Gebot des Gehorsams gegenüber den Geboten Gottes. Aber zugleich kennen wir den Grundsatz der *fides quaerens intellectum*, des Glaubens, der nach Einsicht sucht. Dieses Prinzip, das auf den Heiligen Augustinus zurückgeht und dann von Anselm von Canterbury in seiner klassischen Form ausgearbeitet wurde, gehört zu den am meisten missverstandenen Grundsätzen katholischer Theologie, weshalb es an dieser Stelle einmal von sämtlichen Irrtümern reingewaschen werden soll.

Da ist zunächst einmal der entscheidende Unterschied zwischen Vernunft und Gefühl. Im Gegensatz zum Gefühl ist die Vernunft nicht subjektiv und persönlich, sondern objektiv und universal. »Vernunft ist immer vernünftig, selbst in der letzten Vorhölle, im verlorenen Grenzgebiet aller Dinge. Ich weiß, man wirft der Kirche vor, sie erniedrige die Vernunft, aber es ist genau anders herum.« So lässt es Gilbert Keith Chesterton seinen weisen Pater Brown formulieren und trifft damit, wie so oft, den Nagel auf den Kopf. Tatsächlich entlarvt der Pater in jenem Fall vom »Blauen Kreuz« einen falschen Priester. Als dieser fragt, wodurch seine Tarnung aufgeflogen sei, antwortet jener: »›Sie griffen die Vernunft an‹, sagte Pater Brown. ›Das ist schlechte Theologie.‹«

Als zweiten Punkt haben wir bei dem Prinzip *fides quaerens intellectum* auf die genaue Reihenfolge zu achten. Immer wieder hört man den Vorwurf, hier würde behauptet, sämtliche Inhalte des christlichen Glaubens könnten allein mit der Vernunft erkannt werden. Das ist natürlich Unsinn. Es ist der Glaube, der zum Verstehen leitet, nicht umgekehrt. »Durch die Botschaft des Engels haben wir die Menschwerdung Christi, deines Sohnes, erkannt«, heißt es im Angelusgebet. Die Botschaft, die Offenbarung ist der Ursprung des Glaubens, das Nachdenken kommt erst danach – weshalb es ja auch Nach-Denken heißt. Die deutsche Sprache ist in solchen Dingen äußerst präzise. Nach-Denken kann man nur über etwas, was bereits vorhanden ist, ansonsten wäre es Aus-Denken. Dieses Nachdenken über die Offenbarung ist auch keineswegs nur ein Hobby für Intellektuelle mit zu viel Freizeit, sondern erfüllt einen gesunden Zweck für ein gelingendes Christenleben. Zwar ist das Wirken Gottes höher als alle Vernunft, aber das bedeutet nicht, das es im Widerspruch zu ihr steht. Das bringt uns zu unserem dritten Punkt.

Neben der Verwechslung der richtigen Reihenfolge liegt ein weiteres großes Missverständnis in der Verwechslung von ›verstehen‹ einerseits und ›infrage stellen‹ andererseits. Das Infragestellen der Gebote Gottes ist keine Tugend, sondern die List der Schlange: »Hat Gott wirklich gesagt: Ihr dürft von keinem Baum des Gartens essen?«, fragt sie Eva in hinterhältiger Absicht. »Da sah die Frau, dass es köstlich wäre, von dem Baum zu essen, dass der Baum eine Augenweide war und begehrenswert war.« Der weitere Fortgang der Geschichte ist bekannt. Unsere Vernunft soll die Gebote Gottes nicht anzweifeln, vielmehr soll sie uns beim Befolgen der Gebote helfen. Es gehört zu unserer menschlichen Natur, dass wir Regeln, die wir für sinnvoll halten, bereitwilliger befolgen als solche, die uns unsinnig erscheinen. Wir sollten also stets versuchen, die Gebote, aber auch andere Glaubensinhalte, zu verstehen, auf dass wir sie besser in unser Leben integrieren können. Genau hier liegt der zuvor beschriebene Zweck des theologischen Nachsinnens über die Offenbarung. Es ist wichtig, sich vor Augen zu führen, dass Gott uns nichts Schlechtes will, im Gegenteil, er will, dass wir das Leben in Fülle haben. Zuweilen wird es vorkommen, dass uns ein Gebot unsinnig und somit lästig erscheint, wie ja auch Eva nicht erkennen konnte, warum es falsch sein sollte, von dem Baum zu essen, da er doch eine »Augenweide« war.

Aber in solchen Fällen müssen wir uns als gute Theologen, also als gute Wissenschaftler erweisen. Wir erkennen ein Phänomen und suchen anschließend nach einer Erklärung. Finden wir diese nicht, so stellen wir nicht etwa das Phänomen infrage, sondern suchen weiter. Gelingt es uns also nicht, eine Weisung Gottes nachzuvollziehen, so müssen wir den Fehler bei uns suchen, nicht bei Gott.

IV. DIE ABHÄNGIGE WISSENSCHAFT

Warum Theologie nur von Gläubigen für Gläubige betrieben werden kann

Über die Frage, ob die Theologie eine Wissenschaft ist, wird viel diskutiert. Meistens verlaufen diese Argumentationen allerdings zirkulär, da die Antwort im Wesentlichen von der selbst gewählten Wissenschaftsdefinition abhängt. Besonders unsinnig ist dabei die Fragestellung, ob Theologie denn Wissen »schafft«, denn diese Formulierung beruht lediglich auf einem Wortspiel, nicht auf einem echten Zusammenhang. Die Endung -schaft hat trotz des Gleichklangs nichts mit dem Verb ›schaffen‹ zu tun, sondern wird zur Bildung zahlreicher Substantive (Mannschaft, Wirtschaft etc.) verwendet, die ebenfalls nichts mit der Schaffung von Irgendetwas zu tun haben.

Die Frage nach dem Wesen der Theologie ist von großer Tragweite, denn auf diesem Gebiet lauern ganz besonders viele Denkfehler. Wer eine große Ansammlung davon gebündelt in einem Dokument finden möchte, dem sei die berüchtigte Schlusserklärung des Internationalen Kongresses »Das Konzil ›eröffnen‹« aus dem Jahre 2015 zur Lektüre empfohlen. Wir wollen an dieser Stelle denjenigen Denkfehler herausgreifen, der wohl aktuell der verbreitetste und gefährlichste ist: die irrige Vorstellung einer unabhängigen Theologie.

Unabhängigkeit ist eines der großen Ideale unserer Zeit. Wer Unabhängigkeit fordert, hat sogleich alle Sympathien auf seiner Seite. Da spielt es kaum noch eine Rolle, ob es um persönliche, politische oder eben wissenschaftliche Unabhängigkeit geht. Und wer wollte den Wert wissenschaftlicher Unabhängigkeit ernsthaft bestreiten? »Kunst und Wissenschaft, Forschung und Lehre sind frei«, heißt es an vorderster Front in unserem Grundgesetz, eine wichtige Lehre aus den schrecklichen Erfahrungen der vorangegangenen Diktatur. Dann aber folgt ein interessanter und oft vernachlässigter Zusatz: »Die Freiheit der Lehre entbindet nicht von der Treue zur Verfassung.« Mit anderen Worten: Gänzlich unabhängig ist die wissenschaftliche Lehre nicht, denn sie bleibt gebunden an die verfassungsmäßige Ordnung der Bundesrepublik Deutschland.

Für die Theologie könnte man analog formulieren: ›Die theologische Wissenschaft ist frei. Die Freiheit der Lehre entbindet nicht von der Treue zur Offenbarung.‹ Umfassender hat es der evangelische Theologe Erik Peterson (1890-1960) formuliert, der – man möchte nicht an einen Zufall glauben – wenige Jahre nach dieser Stellungnahme zur katholischen Kirche übertrat: »Die Theologie ist die in Formen konkreter Argumentation sich vollziehende Fortsetzung dessen, dass sich die Logos-Offenbarung ins Dogma hinein ausgeprägt hat. Der eigentliche Sinn ihres Argumentierens aber ist durch das quo jure der göttlichen Offenbarung bestimmt. Die Theologie ist der konkrete Vollzug dessen, dass der Logos Gottes konkret von Gott geredet hat, so dass es also konkrete Offenbarung, konkreten Glauben und konkreten Gehorsam gibt.«

Fünfmal verwendet Erikson in diesen kurzen Zeilen den Begriff ›konkret‹, und das aus gutem Grund. Die Wahrheit ist konkret, wie es der große Hegel formulierte, bevor dieser Satz von Lenin und Brecht beschlagnahmt wurde. In Christus finden wir die konkrete Wahrheit der göttlichen Offenbarung, aus der sich wiederum das konkrete christliche Dogma ableitet – und eben damit beschäftigt sich die Theologie. Sie kann daher weder von ihrer Voraussetzung noch von ihrem Ergebnis her jemals im eigentlichen Sinne unabhängig sein. Theologie ist Nach-Denken über die Offenbarung, wie wir bereits im vorherigen Kapitel festgestellt haben. Deshalb ist die Theologie immer abhängig von der Fleischwerdung des Logos, deshalb ist der Glaube Voraussetzung, um überhaupt Theologie treiben zu können. Ausgehend von dieser Basis arbeitet die Theologie allerdings sehr wohl mit wissenschaftlichen Methoden, Vernunft und Logik bilden die Grundpfeiler der Beschäftigung mit dem Dogma, wie wir ebenfalls bereits gesehen haben. Auch die Intersubjektivität ist gegeben, ein weiteres wesentliches Merkmal von Wissenschaft. Die Ergebnisse der Theologie sind für andere Gläubige nachvollziehbar, allerdings nur für diese. Eine Intersubjektivität über diesen Kreis hinaus ist nicht gegeben. So, wie die Theologie von der Gemeinschaft der Gläubigen ausgeht, findet sie ihren Zweck ausschließlich innerhalb dieser Gemeinschaft, denn ihre Ergebnisse sind für jene, die außerhalb der Kirche stehen, ohne jeden Belang.

Daraus ergibt sich allerdings die Tatsache, dass die Theologie in einer Beziehung wirklich unabhängig ist. Sie ist völlig unabhängig vom Urteil derer, die nicht zu ihrer Gemeinschaft gehören! Bedauerlicherweise wird gerade diese tatsächliche Unabhängigkeit zunehmend geleugnet. Allen Ernstes wird mittlerweile die Position vertreten, die christliche Theologie solle ihre Trinitätslehre überdenken, da diese ein Hindernis im Dialog mit dem Islam darstelle. Wer jedoch unter derart starker Menschenfurcht leidet und sich so sehr seines eigenen Glaubens schämt, der hat sich bereits charakterlich für die Theologie disqualifiziert.

Wenn es in der zu Beginn erwähnten Erklärung also heißt, die Theologie habe die Aufgabe, »Theologie im Dienst der Menschen und der heutigen Welt zu sein«, so ist dieser Ansatz lobenswert, sofern damit betont werden soll, dass Theologie immer eine dienende Funktion hat. Sie stellt keinen Selbstzweck dar, sondern versucht den Menschen Antworten auf ihre religiösen Fragen zu liefern. Die Antworten jedoch dürfen nicht den Wünschen der Fragenden angepasst werden, sondern sind aus dem Schatz der göttlichen Offenbarung zu schöpfen. Soll der zitierte Ansatz hingegen besagen, und davon ist nach Lektüre des gesamten Dokuments auszugehen, dass Theologie religionsübergreifend im Sinne einer allgemeinen Humanität funktionieren soll, handelt es sich um einen gefährlichen Holzweg.

V. DIE KOMPROMISSLOSE KIRCHE

Warum Kompromisse in theologischen Fragen nicht funktionieren

Kompromissfähigkeit ist eine wichtige Tugend, sowohl im privaten wie im öffentlichen Leben. Eine Ehe beispielsweise ist nicht zum Erfolg zu führen, wenn nicht beide Partner bereit sind, ihre eigenen Interessen zugunsten des jeweils anderen beizeiten zurückzustellen. Auch in der Politik sind stabile Regierungen nicht zu bilden und größere Projekte nicht durchzusetzen, wenn der Wille zum Kompromiss fehlt. Doch wie sieht es im Bereich der kirchlichen Lehre mit Kompromissen aus? Schließlich gibt es auch hier zahlreiche Streitpunkte, die uns nahezu täglich vor Augen geführt werden. Wie also verfahren bei strittigen Themen wie Homosexualität, Frauenordination etc.? Führt auch hier am Ende nur der Kompromiss zum Ziel? Einige Kirchengemeinschaften versuchen es derzeit mit solchen Kompromissen. Sowohl in der anglikanischen wie auch der methodistischen Weltkirche wird darüber diskutiert, ob beispielsweise Trauungen von homosexuellen Paaren in einigen Regionalkirchen erlaubt werden sollen, in andern aber weiterhin verboten bleiben. Im Klartext würde das heißen: In Deutschland hält Gott seine schützende Hand über das schwule Ehepaar, aber in Tansania ist ihm diese Verbindung ein Gräuel. Vergleichbare Vorstellungen sind auch immer wieder aus der Ecke des Synodalen Weges zu hören.

Wie albern ein derartiges Vorgehen ist, liegt unmittelbar auf der Hand. Warum aber verfallen Menschen einem derartigen Irrsinn? Weil sie das Konzept eines Kompromisses nicht verstehen. Kompromisse werden zwischen Interessen geschlossen, nicht zwischen richtig und falsch. Nehmen wir ein Beispiel aus der Politik: Wenn Arbeitgeber und Gewerkschaften über das Lohnniveau diskutieren, so haben beide Seiten berechtigte Forderungen, zwischen denen ein Mittelweg gefunden werden muss. Innerhalb von Kirche und Theologie darf und soll ebenfalls um Themen gerungen und gestritten werden, aber stets mit dem Ziel der Wahrheitsfindung, nicht der Befriedigung persönlicher Interessen. Gerade deshalb sollten auch politische Begrifflichkeiten in diesem Kontext vermieden werden. Es ist irreführend, von Kontroversen zwischen konservativen und liberalen Katholiken zu sprechen. Selbstverständlich gibt es konservative und liberale Katholiken. Es gibt sie, so wie es dicke und dünne Katholiken gibt. Man kann durchaus konservativ und katholisch sein, ebenso kann man katholisch und liberal sein. Aber man kann nicht auf konservative oder liberale Art katholisch sein. Wenn Begriffe wie »konservativ« oder »liberal« zur Verortung theologischer Standpunkte gebraucht werden, so liegt darin eine gefährliche Vermischung von geistlicher und weltlicher Sphäre. Vor allem wird damit der Eindruck erweckt, als finde der jeweilige Standpunkt seine Begründung nicht in theologischer Besinnung, sondern einfach in der zufälligen Weltanschauung seines Vertreters, als habe beispielsweise ein Gegner der Weihe von Frauen nur ein altmodisches Frauenbild und nicht etwa fundierte Argumente dafür, dass nur Männer in persona Christi handeln können. Ein Katholik, der es ablehnt, die kirchliche Lehre der jeweils herrschenden Weltanschauung anpassen, und sich stattdessen an der Wahrheit orientiert, die gestern, heute und in Ewigkeit dieselbe war ist und bleibt, ist nicht konservativ. Er ist einfach nur katholisch.

Zwischen politischen Interessen mag es Kompromisse geben, zwischen Wahrheit und Irrtum ist ein solcher Mittelweg nicht möglich. Man stelle sich vor, in der Naturwissenschaft würde derart verfahren! Das geozentrische Weltbild der Antike und des Mittelalters wurde bekanntlich von Kopernikus und Galileo widerlegt. Es ließ sich nachweisen, dass sich nicht die Erde, sondern die Sonne im Zentrum befindet, während Erstere um sie kreist. Damit konnte das alte Weltbild *ad acta* gelegt werden. Bekannterweise ging dieser Erkenntnisprozess aber alles andere als harmonisch vor sich. Hätte man sich diesen Konflikt vielleicht durch einen Kompromiss ersparen können? Hätte man sich darauf verständigen können, dass die Sonne an einem Tag stillsteht, während die Erde um sie kreist, es aber am nächsten Tag andersherum ist und so weiter?

Oder nehmen wir ein Beispiel aus unserem Alltag. Stellen Sie sich vor, Sie sind in der kommenden Woche zu einer Konferenz eingeladen, wissen aber nicht mehr, ob diese am Dienstag oder am Donnerstag stattfindet. Was tun Sie? Gehen Sie am Mittwoch hin, sozusagen als Kompromiss? In diesem Fall hätten Sie zwar das Risiko der Abweichung auf einen Tag minimiert, aber Sie wären auf jeden Fall am falschen Tag da. Entweder ist die Konferenz am Dienstag oder am Donnerstag. Sie müssen sich entscheiden. Ebenso verhält es sich mit dem Aufbau unseres Planentensystems. Und bei der kirchlichen Lehre ist eben auch nicht anders. Die wahre Lehre kann mit der Irrlehre keinen Kompromiss eingehen, sie würde dadurch (im wahrsten Sinne des Wortes) kompromittiert. Entweder stehen homosexuelle Bindungen unter Gottes Segen oder sie tun es nicht. Entweder können Frauen das Weihesakrament empfangen oder sie können es nicht.

Ähnlich wie bei der Frage des korrekten Termins einer Konferenz oder der Laufbahn der Planeten sind wir aber nicht auf bloßes Raten oder persönliche Meinungen angewiesen. Durch gründliches Forschen können wir eine informierte Entscheidung treffen, hier durch Rückgriff auf astronomische Hilfsmittel (zu denen übrigens auch ein Kalender gehört), dort durch zu Rate ziehen von Schrift und Bekenntnis. Gänzlich ausmerzen lässt sich die Möglichkeit eines Irrtums natürlich auch dadurch nicht. Aber wer aus Angst, die falsche Entscheidung zu treffen, lieber gar keine trifft, wird enden wie der Diener, der sein Talent in der Erde vergrub.

VI. DIE ALTEN TUGENDEN

Warum politische Korrektheit nichts mit Anstand zu tun hat

»Politisch korrekt zu sein, steht für die grundsätzliche Haltung, respektvoll miteinander umzugehen.« So oder so ähnlich hört man es immer wieder bei den Verteidigern der politischen Korrektheit, auch vermehrt im kirchlichen Milieu. Im Grunde sei politische Korrektheit also nur ein neuer Name für die traditionelle Tugend des Anstands. Daher, so das Argument, sei man auch als Christ an diese Form der Korrektheit gebunden. Schön und gut, aber wenn es sich wirklich nur um einen neuen und mehr oder weniger synonymen Begriff handelt, warum wurde dieser Begriff dann überhaupt erfunden, zumal der alte ja keineswegs abgeschafft wurde? In Wirklichkeit sind Anstand und politische Korrektheit zwei verschiedene Dinge, weil sie sich auf verschiedene Sphären beziehen. Politische Korrektheit hat gerade nichts mit respektvollem Umgang im zwischenmenschlichen Bereich zu tun (dort gilt der Anstand), sondern regelt den abstrakten Diskurs. Einige Beispiele mögen dabei helfen, diesen Punkt zu verdeutlichen.

Die erste nachweisebare Verwendung des Begriffs »politically correct« findet sich im Jahre 1970 bei einer feministischen Autorin aus den USA. Das Wort stammt also aus den Vereinigten Staaten und ist im Rahmen der Frauenbewegung entstanden, wo es sich offenbar bis heute recht wohl fühlt. Als politisch inkorrekt wurde und wird in diesem Zusammenhang jedwede Äußerung empfunden, mit der die vollkommene Gleichartigkeit von Männern und Frauen in Frage gestellt wird. Die Regeln des Anstands hingegen beinhalten keine derartige Weltanschauung, sondern gebieten mir als Mann, Frauen nicht in irgendeiner Weise verächtlich zu behandeln bzw. mich ihnen gegenüber – Verzeihung, hier bin ich etwas altmodisch – zuvorkommend zu verhalten.

Bei der Debatte um Homosexualität verhält es sich ähnlich. Dass man einem Homosexuellen mit demselben Respekt begegnet wie jedem anderen Menschen und ihn nicht mit »Du schwule S*« anspricht, gebietet der Anstand. Will man sich zusätzlich politisch korrekt verhalten, so muss man politische Maßnahmen wie die Einführung der Homo-Ehe befürworten sowie jedweden grundlegenden Unterschied zwischen verschiedenen sexuellen Orientierungen leugnen.

Als drittes Beispiel sei der kulturelle Aspekt gewählt. Ein anständiger Mensch wird, wenn er in einem anderen Land zu Gast ist, sich entsprechend verhalten und die Regeln und Bräuche der gastgebenden Kultur respektieren. Will er hingegen politisch korrekt sein, muss er öffentlich bekennen, dass es keinerlei qualitative Unterschiede zwischen seiner eigenen Kultur und anderen gibt. Diese Facette der politischen Korrektheit ist besonders faszinierend. Einerseits machen es sich die politisch Korrekten zum Ziel, ihre eigenen Wertvorstellungen mit allen Mitteln gegen Andersdenkende zu verteidigen. Gleichzeitig besteht man aber darauf, dass die eigenen Wertvorstellungen nicht besser seien als die anderer. Man verteidigt also die Gleichberechtigung der Frau, findet es aber auch richtig, wenn andere Kulturen Frauen bis zum Kopf im Sand verbuddeln, um sie anschließend zu steinigen.

»Das Private ist politisch«, lautete ein Schlachtruf der Frauenbewegung, der in etwa zur selben Zeit entstand wie der Begriff ›politisch korrekt‹. Zufall? Mitnichten! Denn wie soeben erläutert ist der Übergang vom Privaten zum Politischen identisch mit dem Übergang vom Anstand zur politischen Korrektheit. Es ist daher wohl ebenfalls kein

Zufall, dass die politische Korrektheit ihre Anerkennung eher bei der politischen Linken findet, die seit jeher ein kollektives Gesellschaftsverständnis pflegt, während sie vom bürgerlichen Lager, das stets mehr Wert auf das Individuelle und das Persönliche legte, eher kritisch betrachtet wird.

Wenn es sich lediglich um eine Frage des politischen Lagers handeln würde, so könnten wir dieses Thema getrost übergehen, aber es betrifft sehr wohl auch den theologischen Bereich. Einige Verfechter der politischen Korrektheit argumentieren tatsächlich biblisch, wenn sie etwa auf die Sprüche Salomos verweisen, in denen es heißt: »Wer unvorsichtig herausfährt mit Worten, sticht wie ein Schwert.« Das ist eine sinnvolle Warnung des weisen Königs. Beleidigungen können überaus schmerzhaft sein, und kein Christ sollte sie leichtfertig gegenüber seinem Nächsten aussprechen. Zwei Punkte gilt es hierbei jedoch zu beachten.

Stellen ›politische inkorrekte‹ Äußerungen überhaupt eine Beleidigung dar? In den meisten Fällen wird man dies tatsächlich verneinen müssen, und zwar deshalb, weil eine Beleidigung von Mensch zu Mensch geschieht. Mit anderen Worten: Eine Beleidigung braucht immer einen konkreten Adressaten. Dieser fehlt jedoch, wenn es um Begriffe geht wie etwa ›Zigeunersoße‹ oder ›Mohrenstraße‹. Es handelt sich hierbei um Eigennamen (nomina propria), die einfach nur einzelne Dinge benennen, somit per definitionem keine Adressaten haben und auch nicht beleidigend sein können.

Etwas komplizierter wird es, wenn es nicht um einzelne Begriffe, sondern um inhaltliche Aussagen geht. Diese können durchaus beleidigend sein. Die Frage ist nur: Ist Beleidigt-Sein das allumfassende Kriterium für die Richtigkeit einer

Aussage? Beinahe möchte man diesen Eindruck gewinnen. Bei der Verlautbarung kirchlicher Lehrentscheidungen lautet die erste Frage stets: Wie fühlen sich die Betroffenen dabei? Allerdings ist nichts darüber bekannt, dass sich Jesus oder Paulus jemals eine solche Frage gestellt hätten. Vielleicht ist es den Anhängern des Offendismus (persönliche Wortneuschöpfung) nicht klar, aber der Grund, warum Jesus ans Kreuz geschlagen wurde, war eben die Tatsache, dass sein Auftreten und seine Predigt für viele Juden jener Zeit beleidigend waren. Die Wahrheit, so sprach unser Herr, würde sie frei machen. Von einer Komfortzone war nicht die Rede. Und bei König Salomo heißt es übrigens just im Vers vor dem oben zitierten: »Wer wahrhaftig ist, der sagt offen, was recht ist.«

Gegner der politischen Korrektheit wehren sich keineswegs gegen Anstandsregeln, wie das eingangs erwähnte Zitat suggeriert. Vielmehr wehren sie sich gegen eine Gesinnungsüberwachung, die eine ehrliche Debatte über strittige Themen mitunter unmöglich macht. So gesehen ist politische Korrektheit dem Anstand sogar direkt entgegengesetzt. Denn Anstand gebietet Wahrhaftigkeit.

VII. DAS GESETZ DES GEWISSENS

Warum Betroffenheit kein Privileg ist

»Wer nicht betroffen ist, hat auch keine Meinung«, lautet eine in Debatten viel zu hörende Aussage. Sie wird auch immer wieder bei theologischen und ethischen Streitpunkten vorgebracht, etwa beim Thema Abtreibung. In diesem Zusammenhang soll damit dann ausgedrückt werden, dass Männer zu diesem Thema überhaupt keine Meinung haben können, da sie nicht betroffen seien. Als das neuseeländische Parlament im vergangenen Jahr über die Legalisierung der Abtreibung entschied, wurde sogar ernsthaft vorgeschlagen, die männlichen Abgeordneten sollten bei dieser Abstimmung auf ihr Stimmrecht verzichten. Dazu kam es zum Glück nicht, was aber leider nichts daran änderte, dass die Legalisierung beschlossen wurde.

Nun ist die zitierte Aussage beim Thema Abtreibung gleich doppelt falsch. Zum einen, weil nicht die Frauen die wahren Betroffenen einer Abtreibung sind, sondern die ungeborenen Kinder, deren stumme Schreie jedoch bedauerlicherweise niemand hören kann. Zum andern, und das ist der eigentliche Denkfehler, weil ethische Positionen mit der eigenen Betroffenheit nicht das Geringste zu tun haben. Dieser Denkfehler liegt, wie so oft, in der Verwechslung bzw. Vermischung verschiedener Kategorien begründet. Es gibt ja durchaus Fälle, in denen uns die eigene Nichtbetroffenheit zu Stillschweigen bewegen sollte. Um bei dem Beispiel der Schwangerschaft zu bleiben: Selbstverständlich kann ein Mann die besonderen Umstände einer Schwangerschaft nicht nachempfinden und sollte sich daher mit klugen Bemerkungen zu den üblichen Begleiterscheinungen zurückhalten. Die ethische Bewertung eines gewaltsamen Abbruchs einer

Schwangerschaft ist jedoch von der eigenen Person und in diesem Fall vom eigenen Geschlecht unabhängig.

Um dies zu verdeutlichen, sei ein anderes Beispiel gewählt. Die österreichische Schriftstellerin Bertha von Suttner (1843–1914) wurde 1905 als erste Frau mit dem Friedensnobelpreis ausgezeichnet, hauptsächlich aufgrund ihres 1889 veröffentlichten pazifistischen Romans »Die Waffen nieder!«, der bis zum Erscheinen von Erich Maria Remarques Meisterwerk »Im Westen nichts Neues« (1929) als das wichtigste Werk der Antikriegsliteratur galt. Die Heldin der fiktiven Autobiographie beschreibt zunächst ihre jugendliche Begeisterung für den Krieg: »Ich erinnere mich, dass der höchste Begriff menschlicher Größe mir in kriegerischem Heldentum verkörpert schien. Für Gelehrte, Dichter, Länderentdecker hatte ich wohl einige Hochachtung, aber eigentliche Bewunderung flößten mir nur die Schlachtengewinner ein.« Doch dann folgt die entscheidende Klage: »Welch eine Zurücksetzung doch für das weibliche Geschlecht, dass es von dieser großartigsten Betätigung des menschlichen Ehr- und Pflichtgefühls ausgeschlossen ist.« Frauen waren damals – und sind es zum größten Teil noch heute – von der aktiven Kriegsführung ausgeschlossen. Wenn wir also das zu Beginn erwähnte Argument analog anwenden, hätten Frauen wie Berta von Suttner sich zum Thema ›Krieg und Frieden‹ gar nicht äußern dürfen, da sie ja nicht davon betroffen waren. Sie taten und tun es aber dennoch, denn auch wenn sie aktiv nicht an den Kämpfen teilnehmen, so sind sie sehr wohl von den Auswirkungen des Krieges betroffen. Aber selbst, wenn sie es nicht wären, so stünde ihnen der Einsatz für den Frieden dennoch zu. Analog zum Beispiel der Schwangerschaft müssten sich Frauen zwar zurückhalten, wenn es um praktische Fragen der Militärtaktik geht. Ihre ethische Beurteilung des Krieges steht jedoch gleichwertig neben der männlichen. Persönliche Betroffenheit ist in ethischen Fragen kein Vorrecht, mitunter nicht einmal ein Vorteil. Sie kann zu Befangenheit führen und so das ethische Urteil geradezu vernebeln. Nicht umsonst kann ein Richter laut Strafprozessordnung abgelehnt werden, wenn eine gerechtfertigte Besorgnis seiner Befangenheit vorliegt.

Das Gewissen, unsere innere Instanz zur ethischen Beurteilung, funktioniert jenseits unserer Person, unseres Geschlechts, unserer Nationalität, unserer sozialen Stellung, ja sogar unabhängig von unserer Religionszugehörigkeit. Paulus betont dies in seinem Brief an die Römer: »Denn wenn Heiden, die das Gesetz nicht haben, von Natur aus das tun, was im Gesetz gefordert ist, so sind sie, die das Gesetz nicht haben, sich selbst Gesetz. Sie zeigen damit, dass ihnen die Forderung des Gesetzes ins Herz geschrieben ist; ihr Gewissen legt Zeugnis davon ab.« (2,14–15) Zu Recht weist der große Immanuel Kant darauf hin, dass ihn das moralische Gesetz in ihm mit ebenso großer Ehrfurcht erfüllt wie der bestirnte Himmel über ihm, und dass beides mit dem Bewusstsein seiner Existenz verknüpft ist. Das Gewissen ist somit weder subjektiv noch relativ, sondern, um mit Kant zu sprechen, kategorisch. Es orientiert sich an etwas jenseits seiner selbst, es ist unser innerer Kompass, der uns dabei hilft, unser Leben auf den Himmel, auf Gott und seine Gebote auszurichten. Darauf hat insbesondere der Heilige John Henry Newman immer wieder hingewiesen: »Später hat das höchste Wesen, als es Schöpfer wurde, dieses Gesetz, das es selbst ist, der Erkenntnis aller seiner vernunftbegabten Geschöpfe eingepflanzt. Das göttliche Gesetz ist also die Regel der sittlichen Wahrheit, das Maß für Recht und Unrecht, eine souveräne, unabänderliche, absolute Autorität im Angesichte der Menschen und Engel [...] Obgleich es beim Eintritt in das intellektuelle Medium eines jeden eine Brechung erleiden kann, wird es dadurch doch nicht so beeinträchtigt, dass es seinen Charakter als göttliches Recht verliert.« Die Tatsache, dass Menschen zu unterschiedlichen Gewissensentscheidungen kommen, widerspricht der absoluten Autorität des Gewissens nicht. Dieser Umstand wird auch in der Konstitution *Gaudium et spes* (Art. 16) aufgegriffen: »Je mehr also das rechte Gewissen sich durchsetzt, desto mehr lassen die Personen und Gruppen von der blinden Willkür ab und suchen sich nach den objektiven Normen der Sittlichkeit zu richten. Nicht selten jedoch geschieht es, dass das Gewissen aus unüberwindlicher Unkenntnis irrt.« Das Gewissen kann irren, so wie ein Kompass falsch kalibriert sein kann. Das ändert aber nichts daran, dass sich der Polarstern immer an derselben Stelle befindet.

VIII. DIE WAHRE OPFERBEREITSCHAFT

Warum nicht jedes Opfer ein Märtyrer ist

Das Wort ›Märtyrer‹ gehört zu jenen Begriffen, die es aus dem kirchlichen Sprachschatz in die allgemeine Umgangssprache geschafft haben. In den Evangelien wurde mit dem griechischen Wort ›martys‹ zunächst ganz allgemein ein Glaubenszeuge bezeichnet, in der Apostelgeschichte finden wir dann bereits den Erzmärtyrer Stephanus, und in der Offenbarung des Johannes wird zum ersten Mal die Verbindung zur Lebenshingabe für Christus hergestellt: »Dort sah ich eine Frau auf einem scharlachroten Tier sitzen, das über und über mit gotteslästerlichen Namen beschrieben war und sieben Köpfe und zehn Hörner hatte. Die Frau war in Purpur und Scharlach gekleidet und mit Gold, Edelsteinen und Perlen geschmückt. Sie hielt einen goldenen Becher in der Hand, der mit dem abscheulichen Schmutz ihrer Hurerei gefüllt war. Auf ihrer Stirn stand ein Name, ein geheimnisvoller Name: Babylon, die Große, die Mutter der Huren und aller Abscheulichkeiten der Erde. Und ich sah, dass die Frau trunken war vom Blut der Heiligen und vom Blut der Zeugen Jesu.« (Offenbarung 17,3–6)

Die Bedeutung von ›Märtyrer‹ im Sinne eines Blutzeugen etablierte sich also recht schnell, im zweiten Jahrhundert kommen viele prominente Fälle wie Polykarp von Smyrna und die Märtyrer von Lyon hinzu. Man darf nicht vergessen, dass es sich bei diesem Vorgang um eine für die antike Welt im wahrsten Sinne des Wortes unerhörte Praxis handelte. Die Griechen mochten sich bei Apoll für ihre musische Begabung bedanken, aber auf die Idee, für diesen Gott ihr Leben hinzugeben, wären sie nie gekommen – wobei sie auch niemals jemand dazu aufgefordert hätte. Einzig in den apokryphen Makkabäerbüchern finden sich bereits Beispiele dafür, dass Menschen ihrer eigenen Hinrichtung den Vorzug geben, statt ihrem jüdischen Glauben abzuschwören. Ende des zweiten Jahrhunderts bezeichnete der christliche Apologet Tertullian das Blut der Märtyrer als den »Samen der Kirche«, weil ihr aus diesem Blut ständig neue Anhänge erwachsen. Weiter schreibt er: »Schmerz und Tod geduldig zu ertragen, dazu fordern viele der Eurigen auf, Cicero in den Gesprächen in Tusculum, Seneca in der Schrift ›Über die Zufälligkeiten‹, Diogenes, Pyrrho, Callinicus; aber ihre Worte finden nicht so viele Schüler wie die Christen, die durch Taten lehren. Gerade jener hartnäckige Trotz, den ihr uns zum Vorwurf macht, ist ein Lehrer. Denn welcher Mensch fühlt sich nicht, wenn er ihn betrachtet, mit Gewalt angetrieben, zu untersuchen, was innerlich der Sache zugrunde liegt. Wer tritt, wenn er untersucht hat, uns nicht bei?«

Aufgrund der zunehmenden Gewalt gegenüber Christen von Seiten des Römischen Reiches entwickelte sich das Gefühl von Leid und Verfolgung immer mehr zu einem Identitätsmerkmal der Gemeinde Christi. So entstand die Märtyrerverehrung als bedeutender Aspekt christlicher Frömmigkeit. Märtyrer wurden zu Objekten religiöser Verehrung, Märtyrerberichte bildeten sich als eigene Literaturgattung heraus, die in Gottesdiensten zu Ehren der Märtyrer verlesen wurden. Allerdings warf das Martyrium auch einige theologische Fragen auf. Strittig war unter anderem, ob es gestattet sei, das eigene Martyrium bewusst zu suchen, wie es einige offenbar getan hatten. Dieses Vorgehen wurde von der Kirche jedoch schnell verurteilt, ein Martyrium könne man nur passiv erleiden, niemals aktiv suchen, so die Position der Bischöfe. Das unterscheidet das christliche Martyriumsverständnis beispielsweise von dem des Islam, wo man von Beginn an die »Märtyrer des Schlachtfelds« verehrte, also vor allem jene, die in den muslimischen Eroberungskriegen nach dem Tode des Propheten (632) gefallen sind. Hier stellen sich ebenfalls theologische Fragen, allerdings gänzlich andere, wie zum Beispiel, ob ein Muslim als Märtyrer anzusehen ist, wenn er auf dem Schlachtfeld durch einen Unfall und nicht durch Feindeshand zu Tode kommt.

Wie bereits erwähnt, wird auch außerhalb der religiösen Sphäre von Märtyrern gesprochen. So gelten Claus Schenk Graf von Stauffenberg und die Verschwörer des 20. Juli als Märtyrer des deutschen Volkes, gerade weil sie von der zu ihrer Zeit herrschenden Regierung als Landesverräter verurteilt wurden. Auch der Friedensnobelpreisträger Martin Luther King, der 1968 einem Attentat zum Opfer fiel, darf als Märtyrer für die Bürgerrechte der Schwarzen gelten. Wobei nicht unerwähnt bleiben sollte, dass sowohl Stauffenberg als auch King aus christlicher Überzeugung heraus handelten.

Gänzlich ungeeignet für den Titel ›Märtyrer‹ ist allerding jener Mann, mit dem dieser Begriff im Jahr 2020 wohl auf häufigsten in Verbindung gebracht wurde: George Floyd, der Afro-Amerikaner, der von einem Polizisten in Minneapolis umgebracht wurde. Dass Floyd als Märtyrer ungeeignet ist, hat allerdings nichts mit ihm als Person oder seinem Lebenslauf zu tun. Es ist richtig, dass er ein mehrfach verurteilter Krimineller war, aber auch Menschen mit einer solchen Vorgeschichte können durchaus zu authentischen Märtyrern für eine Sache werden. Was ihm diesen Titel verwehrt, ist die Tatsache, dass Floyd sich niemals aktiv gegen entsprechende Missstände wie etwa Polizeigewalt eingesetzt hat. Er war ein Krimineller, der sich glücklich geschätzt hätte, niemals mit der Polizei in Berührung zu kommen. Er wurde bei einer Kontrolle völlig zu Recht in Gewahrsam genommen, aber dann Opfer einer brutalen Misshandlung. Das ist der entscheidende Punkt: Er ist ein Opfer, aber kein

Märtyrer. Gerade in unserer heutigen Kultur, in der die Bereitschaft, sich selbst als Opfer zu stilisieren, immer mehr wächst, ist dieser Unterschied von großer Bedeutung.

Die authentische Märtyrerverehrung könnte der Kirche unseres Jahrhunderts vielleicht wieder neuen Halt geben. Denn auch in der westlichen Welt erleben wir Christenverfolgung, wenngleich in einer »höflichen« Form, wie es Papst Franziskus ironisch ausdrückte. Diese trete oft »verkleidet als Kultur, Modernität oder Fortschritt« auf, und manchmal möchte man fragen, wie lange die Bibel noch frei erhältlich sein wird, wenn das Zitieren aus ihr bereits ernsthafte juristische Konsequenzen haben kann. Wenn die Gesellschaft jedoch wahrnimmt, dass sich Christen hierdurch nicht abschrecken lassen, könnte diese Standhaftigkeit vielleicht neues Blut in die erschlafften Adern der europäischen Christenheit pumpen.

IX. DER FORTSCHRITT DES GLAUBENS

Warum es in der Kirche Entwicklung, aber keine Veränderung gibt.

Wir alle haben in der Schule den Unterschied zwischen den Vorsilben ›end-‹ und ›ent-‹ gelernt, wobei uns beigebracht wurde, dass Wörter, die etwas mit ›Ende‹ zu tun haben (endlos, Endergebnis etc.) mit ›end-‹ geschrieben werden, die anderen nicht. Allerdings haben auch viele der mit ›ent-‹ beginnenden Wörter etwas mit dem Vergehen eines früheren Zustands zu tun, was daran liegt, dass sich diese Vorsilbe von dem griechischen ›ant-‹ (gegen, entgegen) ableitet – und nicht etwa von der Ente, wie manche Spaßvögel meinen. Wenn etwas entdeckt wird, ist es nicht länger verdeckt, wenn ich enttäuscht bin, habe ich mich zuvor getäuscht, wenn ein Gebiet entmilitarisiert wird, ist das Militär abgezogen usw. Dasselbe gilt für das Wort Entwicklung. Wenn sich etwas entwickelt, so war es zuvor eingewickelt oder verwickelt. Mit der Zeit aber vergeht dieser Zustand, und das wahre Wesen einer Sache kommt in immer größerer Fülle zum Vorschein. So verhält es sich auch mit der Entwicklung der Kirche.

Niemand hat es besser zu formulieren gewusst als der Heilige Vinzenz von Lérins im fünften Jahrhundert: »Unsere Vorfahren haben vor Zeiten auf dem Saatfelde der Kirche die Samen des Glaubensweizens ausgestreut. Es wäre nun sehr unrecht und unpassend, wenn wir, ihre Nachkommen, statt der echten Wahrheit des Getreides den untergeschobenen Irrtum des Unkrautes einsammelten. Im Gegenteil, es wäre das Richtige und Entsprechende, dass wir, da Anfang und Ende sich nicht widersprechen dürfen, von dem Wachstum der Weizenunterweisung auch die Frucht des Weizendogmas ernten, so dass, wenn sich etwas von jenem uranfänglichen Samen im Laufe der Zeit entwickelt, dasselbe jetzt grünt und zur Reife gelangt, an der Eigentümlichkeit des Keimes sich aber nichts ändert; Aussehen, Gestalt und Bestimmtheit mögen neu werden, das Wesen der Arten aber muss dasselbe bleiben. [...] Denn wenn einmal eine solche Willkür gottlosen Betruges zugelassen würde, so würde, ich sage es mit Schrecken, die größte Gefahr der Zerstörung und Vernichtung der Religion die Folge sein. Denn wird einmal auch nur ein kleiner Teil der katholischen Glaubenslehre aufgegeben, so wird auch ein anderer und dann wieder ein anderer und zuletzt einer nach dem anderen wie gewohnheits- und rechtmäßig aufgegeben werden. Wenn aber die einzelnen Teile verworfen werden, was anders wird dann die letzte Folge sein, als dass das Ganze zugleich verworfen wird?«

Nicht ohne Grund vergleicht unser Herr das Gottesreich immer wieder mit einem Samen, der in die Erde gepflanzt ist: »Die Erde bringt von selbst ihre Frucht, zuerst den Halm, dann die Ähre, dann das volle Korn in der Ähre.« (Markus 4,28) Nichts kann sich aus ihm entwickeln, was nicht bereits in ihm angelegt wäre. Wir dürfen und sollen diese Saat in ihrer Entwicklung pflegen und begleiten. Aber der Griff zur Sichel steht uns nicht zu. Auf wahrhaft prophetische Weise hat der Heilige Vinzenz in seinen wenigen Worten nicht nur das Wesen dogmatischer Entwicklung herausgestellt, sondern auch vor den ungeheuren Gefahren gewarnt, die durch die Vernachlässigung dieser Erkenntnis entstehen.

Tatsächlich bildet die Einsicht von der wahren kirchlichen Entwicklung einen wertvollen Schild gegen gleich zwei, ironischerweise entgegengesetzte, Denkfehler. Da wäre zum einen die These, dass nur solche Lehren Anspruch auf Wahrhaftigkeit haben, die bereits von den ersten Christen vertreten wurden. Befürworter dieser

These lehnen beispielsweise die Trinitätslehre ab, da sie nicht im Neuen Testament enthalten sei. Nun ist es zunächst einmal richtig, dass sich die Ausformulierung der Trinitätslehre, wie sie auf den ökumenischen Konzilen beschlossen wurde, im Neuen Testament nicht findet. Das bedeutet aber nicht, dass sie nicht darin enthalten ist. Im Neuen Testament finden sich überhaupt keine theologischen Lehrsysteme, auch nach einer Erlösungslehre, einer Rechtfertigungslehre oder ähnlichem wird man dort vergeblich suchen. Wenngleich sich dort bereits Ansätze theologischer Reflexion zeigen, so ist das Neue Testament doch in erster Linie Zeugnis, Zeugnis der Offenbarung. Die Lehre der Trinität stellt somit tatsächlich eine spätere Entwicklung dar, aber sie ist die gesunde und folgerichtige Entwicklung der neutestamentlichen Zeugnisse. Was dort über den Vater, den Sohn und den Heiligen Geist unter dem Eindruck unmittelbarer Offenbarung gesagt ist, lässt sich nur so verstehen, wie es die Väter formuliert haben. Für diese Entwicklung dürfen wir dankbar sein. Niemand sollte die Kirche daran hindern wollen, weiser zu werden. Zwar ist es richtig, dass diese dogmatischen Festlegungen nahezu immer im Kampf mit den Häretikern entstanden sind – aber inwiefern ist das ein Gegenargument? Es waren die Irrlehrer, die durch ihre falschen Interpretationen die göttliche Wahrheit infragestellten, so dass es nötig wurde, diese schriftlich zu fixieren. Es mag sein, dass die Häretiker diesen Prozess ungewollt beschleunigt haben, aber am Prozess der Wahrheitsfindung an sich ändert dieser Umstand nichts.

Während die einen also die natürliche Entwicklung der kirchlichen Lehre verkennen und daher Widersprüche zwischen ihr und dem biblischen Zeugnis zu entdecken meinen, streben andere ganz bewusst diese Brüche an. »Die Zeiten ändern sich, also muss sich auch die Kirche ändern«, lautet das Motto von Bewegungen wie Maria 2.0. Bereits im Namen verraten sie ihre Methode. Sie wollen keine Entwicklung, sondern eine neue Version, eine menschengemachte Veränderung. So, wie die Bezeichnung Web 2.0 ursprünglich für den Wandel des passiv genutzten Internets zu einer interaktiven Plattform beschrieb, in der Nutzer ihren eigenen Inhalten erstellen konnten, so möchte Maria 2.0 die Gottesmutter und mit ihr die Kirche, deren Wesen sich in Maria enthüllt, nach ihren eigenen Vorstellungen verändern.

X. DIE GEFAHR DER WIEDERHOLUNG

Warum man aus der Geschichte auch das Falsche lernen kann

Wir alle wollen aus der Geschichte lernen, als Einzelne, als Volk und nicht zuletzt als Kirche. Gerade erst haben wir des 75-jährigen Kriegsendes am 8. Mai 1945 gedacht und es als »Tag der Befreiung« gefeiert. Nach dem Ende des Ersten Weltkriegs war es bekanntlich anders gelaufen. Schnell setzte sich die Überzeugung durch, dass der Krieg nur deshalb verloren wurde, weil die ›Novemberverbrecher‹ der unbesiegten Truppe in den Rücken gefallen seien. Somit blieb der 9. November, der Tag der Ausrufung der Republik, dem zwei Tage später das Kriegsende folgte, gerade nicht als positiver Tag in Erinnerung, sondern als Tag der Schande, einer Schande, die nach Vergeltung schrie. Indem wir das Ende des Zweiten Weltkriegs als Tag als Befreiung anstatt als Niederlage feiern, glauben wir, aus der Geschichte gelernt zu haben. In Wahrheit machen wir aber denselben Fehler noch einmal, nur unter anderen Vorzeichen. Denn so, wie die damalige Betrachtung verzerrt war, ist es die heutige auch. Das Kriegsende muss bei redlicher Betrachtung als ambivalent oder, wie es Theodor Heuss formulierte, als paradox eingestuft werden, »weil wir erlöst und vernichtet in einem sind.« Dass die damalige Befreiung vom Terror des Nationalsozialismus auch mit Vertreibung, Stalinismus und Teilung einherging, gehört zur Wahrheit dazu. Aus der Geschichte zu lernen, hätte in diesem Fall bedeutet, einer einseitigen und stark vereinfachten Sichtweise entgegenzuwirken und geschichtliche Ereignisse nicht politisch zu instrumentalisieren.

Ein ähnliches Problem zeigte sich beim Wort der Deutschen Bischöfe zum 75-jährigen Kriegsende. Die Autoren stellen hier eine Mitschuld ihrer Vorgänger am Kriegsgeschehen fest, die in einer »Verstrickung in den nationalen

Zeitgeist und in kirchlichen Vorstellungen über das Staat-Kirche-Verhältnis« begründet lag. Aus diesen Fehlern möchten die Bischöfe lernen, weshalb sie es sich zur Verpflichtung machen, »alles, was dem Heil der Seelen dient, in jedem Staat und von jeder Regierung einzufordern und selbst zur Verwirklichung beizutragen.« Das sind große Worte von Männern, die kurz zuvor den staatlichen Verboten öffentlicher Gottesdienste ergeben Folge geleistet haben. Jenen Gläubigen, die der Auffassung waren, die Heilige Messe diene dem Heil der Seelen und sei deshalb unverzichtbar, wurde keine Unterstützung und zum Teil sogar Verachtung entgegengebracht. In Wahrheit hat man also gar nichts aus der Geschichte gelernt, da man dem Staat mit derselben Unterwürfigkeit und Andersdenkenden mit derselben Abneigung begegnet, nur dass der Vorwurf heute nicht mehr mangelnder Patriotismus, sondern mangelnde Rücksichtnahme lautet.

Auf evangelischer Seite konnten wir ein ähnliches Phänomen zum Reformationsjubiläum 2017 beobachten. Die Reformationsfeste der vergangenen Jahrhunderte – 1817 und 1917 – standen ganz im Zeichen des deutschen Nationalismus und feierten Luther als Nationalhelden, der das Joch der Fremdbestimmung vom deutschen Volk abgeschüttelt hat. Im Jahre 2017 wollte man aus diesem Fehler lernen und präsentierte den Reformator stattdessen als Symbol für Toleranz und Meinungsfreiheit. Auch hier hätte man besser daran getan, eine objektive Sichtweise zu wählen, anstatt von einem historischen Irrtum in den nächsten zu verfallen. Denn Luther selbst hatte mit nationaler Selbstbestimmung ebenso wenig am Hut wie mit Meinungsfreiheit und Toleranz.

Besonders dramatisch ist die religiöse Erinnerungskultur in Bezug auf die Barmer Theologische Erklärung, die zwar ein evangelisches Dokument ist, aber weit über konfessionelle Grenzen hinaus ein bedeutendes Zeugnis des christlichen Widerstands zur Zeit des Dritten Reiches darstellt. Die genaueren Umstände dieser am 31. Mai 1934 auf einer Synode in Barmen verabschiedeten Erklärung scheinen selbst prominenten Kirchenvertretern weniger bekannt zu sein. Wie sonst hätte der Bischof der Evangelischen Kirche Berlin-Brandenburg-schlesische Oberlausitz unter Berufung auf die Barmer Erklärung am Kirchentag mitteilen können, dass ein glaubwürdiges Christsein mit einem Engagement in der AfD nicht vereinbar sei.

Die Barmer Erklärung ist trotz des offensichtlichen Kontextes der nationalsozialistischen Bedrohung politisch völlig neutral. Im Eröffnungsgottesdienst der Synode schloss Superintendent Hugo Hahn »unseren Reichspräsidenten und Reichskanzler« explizit in seine Fürbitten ein, ohne dass dies irgendeinen Widerspruch hervorrief. Einige der Synodalen waren sogar Mitglieder der NSDAP. Es wurden auch keine politischen Maßnahmen der Regierung kritisiert. Das alleinige Anliegen der Synode war es, die Kirche und ihre Lehre von jedweder ideologischen Vereinnahmung freizuhalten. So heißt es in der dritten These: »Wir verwerfen die falsche Lehre, als dürfe die Kirche die Gestalt ihrer Botschaft und ihrer Ordnung ihrem Belieben oder dem Wechsel der jeweils herrschenden weltanschaulichen und politischen Überzeugungen überlassen.«

Die herrschende weltanschauliche Überzeugung des Jahres 1934 war der Nationalsozialismus. Heute ist er es, Gott sei Dank, nicht mehr. Daher ist es auch keine große Leistung, sich als Kirche im Deutschland in unserer Zeit gegen rechtsextremes Gedankengut zu positionieren. Von allen Seiten erhält man hierfür Applaus. Doch die Väter von Barmen haben bewusst von der jeweils herrschenden Überzeugung gesprochen, wohlwissend, dass die Kirche immer wieder auf neue Gefahren treffen werde.

Was man auf jeden Fall aus der Geschichte lernen kann, ist, dass gerade jene, die diese Lektionen am stärksten einfordern, sie selbst oft am wenigsten beherzigen. Das nennt man Ironie der Geschichte. Wieder was gelernt.

XI. DIE TRÜBSAL DES ALLEINSEINS

Warum das sola-scriptura-Prinzip gescheitert ist

In unserer kleinen Sammlung theologischer Denkfehler können wir uns nicht auch noch ausführlich mit sämtlichen Irrtümern reformatorischer Theologie befassen. Aber ein Prinzip evangelischen Denkens soll an dieser Stelle dennoch aufgegriffen werden, da es einen Fehler veranschaulicht, der auch in katholischen Kreisen immer mehr Einzug hält: *sola scriptura*, das sogenannte Schriftprinzip. Es ist recht einfach zu verstehen und besagt im Grunde nur, dass die Heilige Schrift die alleinige und vollständige Richtschnur für alle Fragen des christlichen Lebens und Glaubens bildet. Dabei geht es weniger um eine Aufwertung der Schrift als vielmehr um eine Abwertung alles anderen, insbesondere der päpstlichen Autorität und der kirchlichen Tradition – und genau damit haben wir das Problem benannt, mit dem wir uns auch in der katholischen Kirche beschäftigen müssen.

Bevor wir auf das protestantische Schriftprinzip näher eingehen, muss festgehalten werden, dass auch die katholische Kirche die Heilige Schrift als Maßstab betrachtet und nichts bekennt, was im Widerspruch zu ihrem Zeugnis stünde. Genau das aber war Luthers Vorwurf, und er hatte in Form des Ablasshandels einen bedauerlichen Beleg auf seiner Seite. Der Handel mit Ablässen lässt sich nicht aus der Bibel ableiten. Wollte man einen biblischen Beleg heranziehen, so stieße man höchstens auf das abschreckende Beispiel des Simon Magus, der den Aposteln die Macht des Heiligen Geistes für Geld abkaufen wollte. Deshalb wurde der Ablasshandel 1562 durch das Konzil von Trient untersagt und wird seit 1570 sogar mit der Exkommunikation bestraft. Luther hat hier also ohne Zweifel auf einen echten Missstand aufmerksam gemacht.

Leider verallgemeinerte er seine Kritik anschließend und sprach der Kirche generell das Recht ab, Ablass zu erteilen. Zu Beginn seines öffentlichen Wirkens hatte er das interessanterweise noch nicht getan. In seinen berühmten 95 Thesen heißt es unter Nummer 71: »Wer gegen die Wahrheit des apostolischen Ablasses spricht, der sei verworfen und verflucht.«

Luther ist vielleicht eine der tragischsten Figuren der Kirchengeschichte. Entgegen manch böswilliger Polemik gegen seine Person, die man leider nach wie vor auf katholischer Seite findet, war er ein tief religiöser Mensch, ernsthaft um das Wohl der Kirche besorgt, die sich in seiner Zeit durchaus in einem problematischen Zustand befand. Doch wie der sagenhafte Ödipus hat Luther gerade dadurch, dass er die Katastrophe aufzuhalten versuchte, diese erst herbeigeführt. Die Auslegung der Schrift in die Hände einer Institution mit wechselnder Leitung zu legen, erschien ihm gefährlich. Eine berechtigte Sorge, möchte man meinen. Doch seine Lösung für das Problem bestand darin, die Interpretation der Bibel in die Verantwortung jedes einzelnen Christen zu legen, was letztlich eben jener Willkür, die er verhindern wollte, Tür und Tor öffnete.

Um zu verstehen, wie Luther einen solch kolossalen Denkfehler begehen konnte, müssen wir uns mit einem weiteren Grundpfeiler seiner Theologie vertraut machen, der Überzeugung von der *claritas scripturae*, der Klarheit der Schrift. Der große Reformator war davon überzeugt, dass der wesentliche Inhalt der Schrift klar und eindeutig aus ihren Worten hervorgeht und somit für jedermann einsehbar ist. Daher bedürfe es auch keiner kirchlichen Instanz zur Interpretation der Schrift, vielmehr müsse eine solche Instanz bekämpft werden, wenn ihre Interpretation den Aussagen der Bibel widerspricht. Mit diesem

Konzept im Hintergrund wird Luthers Vorgehen verständlich. Wenn der Inhalt der Schrift einfach und klar erkennbar ist, dann besteht keinerlei Gefahr, dass der einzelne Christ sie falsch verstehen könnte.

Hat Luther denn wirklich geglaubt, dass der Inhalt der Schrift so klar und eindeutig ist, dass es unter den individuellen Auslegern keine Unstimmigkeiten geben könne? Nein, denn schließlich wusste er es aus eigener Erfahrung besser. Luther legte sich in puncto Schriftauslegung bekanntlich nicht nur mit der katholischen Kirche an, sondern überwarf sich auch mit reformatorischen Mitstreitern wie Huldrych Zwingli, dessen Abendmahlsverständnis er für nicht schriftgemäß und somit für häretisch hielt. Wie konnte es zu solch einer Diskrepanz kommen, wenn doch der Inhalt der Schrift so klar und eindeutig ist? Luther hat durchaus versucht, auf diese Frage eine Antwort zu finden, und er formuliert sie in seiner Schrift *De servo arbitrio* (Vom unfreien Willen), 1525 veröffentlicht und gerichtet an Erasmus von Rotterdam. Der niederländische Humanist hatte zuvor gegen Luther argumentiert, und zwar in dem Sinne, dass die Schrift viele uneindeutige Abschnitte enthalte und daher eine externe Instanz zur Auslegung benötige. Als Beleg führte er einige Debatten der antiken Theologie wie etwa den Arianischen Streit an. Solche Vorfälle belegten, so Erasmus, dass die Schrift in diesen Fragen eben nicht eindeutig sei. Luther konterte: »Was hat dir die ganz und gar unschuldige Schrift getan, dass du den Missbrauch verbrecherischer Menschen ihrer Reinheit entgegenhältst? Die Schrift bekennt schlicht und einfach die Dreieinigkeit Gottes.« Luther erkennt also durchaus an, dass die Bibel im Laufe der Jahrhunderte von verschiedenen Theologen unterschiedlich ausgelegt worden ist, sieht die Schuld dafür aber nicht bei der Schrift selbst, sondern bei der Dummheit bzw. Bosheit ihrer Ausleger. Er erläutert: »Doppelt ist die Klarheit der Schrift, wie auch die Dunkelheit doppelt ist: Eine ist äußerlich im Amt des Wortes gesetzt, die andere in der Kenntnis des Herzens gelegen. Wenn du von der inneren Klarheit sprichst, sieht kein Mensch auch nur ein Jota in den Schriften, es sei denn, er hätte den Geist Gottes.« Mit anderen Worten: Zu der äußeren Klarheit der Schrift in Textform muss die innere Klarheit hinzukommen, die nur der Heilige Geist dem Leser schenken kann. Doch leider hebt Luther mit dieser zweiten Prämisse seine erste auf, denn wenn die Schrift in ihrer reinen Textform klar und unmissverständlich ist, dann bedarf es auch keiner inneren Erleuchtung, um sie zu verstehen. Ironischerweise ist er hier dennoch gedanklich auf der richtigen Spur. Die Auslegung der Schrift bedarf tatsächlich der Leitung durch den Heiligen Geist. Doch findet sich dessen Wirken in der Gesamtheit des Gottesvolkes, nicht in den Auslegungen des Individuums.

Der entscheidende Punkt ist: Mit dem Prinzip der Klarheit der Schrift bricht auch das Schriftprinzip selbst in sich zusammen, denn wenn die Schrift nicht klar und eindeutig ist, kann sie auch nicht zum alleinigen Maßstab erklärt werden. Heutige Theologieprofessoren erklären hierzu lapidar: »Die in der biblischen Überlieferung begegnenden theologischen Probleme und ihre Lösungen sind nicht allesamt für jedwede spätere Zeit von aktueller Relevanz.« Das ist die endgültige Grabrede auf das Schriftprinzip.

XII. DER GESCHICHTLICHE CHRISTUS

Warum Jesus der ist, der er ist

Seit es kanonische Darstellungen des Lebens und Wirkens Jesu gibt, haben sich Menschen daran gemacht, diese zu sezieren und so ihren eigenen persönlichen Jesus zu erschaffen. Der erste in dieser Reihe war der frühchristliche Häretiker Marcion (ca. 100–160). Er war davon überzeugt, dass sich in Christus nicht der Gott, von dem das Alte Testament spricht, offenbart habe, sondern ein neuer, besserer Gott. So publizierte er einen eigenen neutestamentlichen Kanon, bestehend aus dem (Lukas-)Evangelium und den Paulusbriefen, wobei er aus den Texten sämtliche Stellen herausstrich, in denen ein positiver Bezug zwischen Jesus und dem Alten Testament hergestellt wird, da er davon überzeugt war, dass diese nachträglich eingefügt worden waren. Bis heute wird Marcion gerne von Theologen herangezogen, die das Christentum von seinen alttestamentlichen Wurzeln lösen möchten. Diese übersehen allerdings, dass Marcion das Alte Testament keineswegs für unglaubwürdig oder überholt hielt, sondern es als die Offenbarung eines anderen, schlechten Gottes ansah, der von dem guten Gott des Neuen Testaments bekämpft wird.

Zur Zeit der Aufklärung wurde, sofern man das Christentum nicht vollständig abschaffen wollte, versucht, Jesus von allen göttlichen Bezügen zu ›befreien‹, ihn aber als moralisches Vorbild zu erhalten. Thomas Jefferson (1743–1826), Verfasser der Unabhängigkeitserklärung und dritter Präsident der Vereinigten Staaten, komponierte ebenfalls sein persönliches Evangelium, indem er aus den kanonischen Evangelien sämtliche Stellen entfernte, die Jesus mit irgendeiner Form von »religiösem Aberglauben« in Verbindung bringen, wozu Jefferson beispielsweise die Auferstehung zählte, sämtliche Wundergeschichten oder auch jedes Zeugnis, das in Jesus den Sohn Gottes erblickte. Diese sogenannte Jefferson-Bibel erschien jüngst in neuer deutscher Übersetzung und erfreut sich durchaus einer gewissen Beliebtheit bei ›kritischen Geistern‹.

Ganz so kritisch, wie sie sich fühlen, denken diese Leute allerdings nicht, denn sonst wäre ihnen ein entscheidender Denkfehler aufgefallen. Wenn Jesus nicht der Messias, nicht der Sohn des lebendigen Gottes war, dann war er entweder ein Betrüger, der sich als Sohn Gottes ausgab, oder er war ein Verrückter, der sich für den Sohn Gottes hielt. In beiden Fällen würde er aber wohl kaum als moralisches Vorbild taugen.

Als dritte Möglichkeit bliebe natürlich noch die Hypothese, dass die Göttlichkeit Jesu einen späteren redaktionellen Zusatz bildet. Diese Haltung ist weit verbreitet innerhalb der sogenannten Leben-Jesu-Forschung, die in der Mitte des 19. Jahrhunderts aufkam und bis heute weiterlebt. In dieser Schule sucht man den Jesus hinter den Evangelien, also den ›echten‹, den ›historischen‹ Jesus. Der Theologe Klaus Peter Hörns etwa fordert in seinem gleichnamigen Buch »notwendige Abschiede« von traditionellen Glaubensaussagen, unter anderem vom Sühneopfer Christi: »Hätte Jesus den Lösegeld-Satz (Markus 10,45) gesagt, hätte er hier noch das alte Gottesbild transportiert. Aber das passt nicht zu seiner vertrauensvollen Anrede ›Abba‹ im Vaterunser.« Bei dieser Argumentation beißt sich allerdings die Katze in den Schwanz. Mal ganz davon abgesehen, ob hier tatsächlich ein Widerspruch vorliegt: Woher weiß Herr Jörns, dass das Vaterunser authentisch ist? Könnte nicht dieser Text spätere Einfügung sein und stattdessen die Rede vom Lösegeld ein Originalzitat?

Jörns und andere gehen also im Grunde genauso vor wie der Erzketzer Marcion. Aufgrund ihrer eigenen vorgefertigten Vision Jesu nehmen sie an, dass alles, was nicht zu diesem Bild passt, eine nachträgliche Fälschung sein muss. Doch schon der Heilige Augustinus wusste: »Wenn du in den Evangelien nur das glaubst, was du magst, und das ablehnst, was du nicht magst, dann glaubst du nicht ans Evangelium, sondern an dich selbst.« Man muss den kanonischen Darstellungen Glauben schenken oder man lässt es bleiben. Einen dritten Weg gibt es nicht. Das hatte auch der evangelische Theologe Martin Kähler (1835–1912) erkannt, der 1892 allen Leben-Jesu-Forschern Folgendes ins Stammbuch schrieb:

»Die erste Tugend echter Geschichtsforschung ist die Bescheidenheit; Bescheidenheit kommt von Bescheid wissen; und wer Bescheid weiß mit geschichtlichen Tatsachen und Quellen, der lernt Bescheidenheit sowohl im Wissen als im Verstehen. Aber diese Bescheidenheit ist bei vielen nicht beliebt, weil die Phantasie, welcher das Feld der Spekulation verleidet ist, sich jetzt auf ein andres Feld geworfen hat, auf die grüne Weide angeblicher Wirklichkeit, auf das Geschäft der vermutenden Geschichtsschreibung oder der sogenannten positiven Kritik. Und auf diesem Felde wildert und bildert man mit derselben Neubegier und Selbstzuversicht umher, wie es ehedem irgend die philosophische oder theosophische Spekulation getan hat, mit […] der guten Zuversicht, das fromme Denken könne Gott sezieren wie der Anatom einen Frosch […] Wir besitzen keine Quellen für ein Leben Jesu, welche ein Geschichtsforscher als zuverlässige und ausreichende gelten lassen kann. Ich betone: für eine Biographie Jesu von Nazareth von dem Maßstab heutiger geschichtlicher Wissenschaft. Ein glaubwürdiges Bild des Heilands für Gläubige ist ein sehr anderes Ding.«

Der profane Historiker mag den historischen Jesus zu isolieren und ihn vom Christus der Verkündigung, dem kerygmatischen Christus, zu trennen suchen. Für den Gläubigen hingegen gilt – im übertragenen Sinne – auch hier das Bekenntnis von Chalcedon: »Ein und derselbe ist Christus, der einziggeborene Sohn und Herr, der in zwei Naturen unvermischt, unveränderlich, ungetrennt und unteilbar erkannt wird.« Der Jesus, der in Galiläa lehrte und in Jerusalem unter Pontius Pilatus gekreuzigt wurde, ist derselbe, der in den Himmel auffuhr und zur Rechten Gottes des Vaters sitzt, von wo aus er die Lebenden und die Toten richten wird.

XIII. DER BEISTAND DES HERRN

Warum der Heilige Geist weht, wo er will

Abergläubische Menschen mögen es für ein schlechtes Omen halten, dass wir nun bei Denkfehler Nummer XIII angelangt sind. In Wahrheit aber stehen wir nun genau im Zentrum unserer Liste – und das ist auch überaus passend! Denn wir beschäftigen uns an dieser Stelle mit der dritten Person der Trinität, dem Heiligen Geist. Dieser hat im Bereich der theologischen Denkfehler eine ganz besondere Bedeutung. Zum einen ist er ein mächtiger Schild gegen jede Art von religiöser Verirrung. Wer vom Geist des Herrn erfüllt ist, kann nicht gegen die göttliche Wahrheit reden oder handeln. Zum anderen stellt der Angriff auf die erkannte Wahrheit (*impugnatio veritatis agnitae*) eine Sünde wider den Heiligen Geist dar, was zum ewigen Verderben führen kann. Dieser Umstand erinnert uns noch einmal daran, wie wichtig die Erkenntnis der Wahrheit und das Vermeiden von diesbezüglichen Fehlern ist.

Eine ganz neue Aufmerksamkeit hat die Lehre vom Heiligen Geist außerdem durch das Aufkommen der charismatischen Erneuerungsbewegung erhalten. Diese Bewegung stellt »eine große Kraft im Dienst an der Verkündigung des Evangeliums« (Papst Franziskus) dar, doch leider bringt eine derartige Massenbewegung, insbesondere dann, wenn sie stärker das Gefühl als die Vernunft betont, nahezu zwangsläufig Irrtümer und Denkfehler mit sich. Das soll keineswegs bedeuten, dass alle charismatisch geprägten Christen diesen Irrtümern verfallen sind, aber die Gefahr, persönliche Vorlieben oder gar satanische Eingebungen als Offenbarungen des Heiligen Geistes zu deklarieren, ist ohne Frage gestiegen. Daher gilt es, ein paar Dinge richtigzustellen.

1. Der Heilige Geist schenkt keine neue Offenbarung.

»Der Beistand aber, der Heilige Geist, den der Vater in meinem Namen senden wird, der wird euch alles lehren und euch an alles erinnern, was ich euch gesagt habe.« (Johannes 14,26) In Jesus Christus hat die göttliche Offenbarung ihren Höhepunkt erreicht. Der Heilige Geist wurde nicht gesandt, um weitere Offenbarungen zu wirken, sondern um uns, die wir nicht mehr in der unmittelbaren Präsenz Christi leben, beizustehen, indem er uns an seine Lehren erinnert und uns bei ihrer weiteren Entfaltung unterstützt.

Schon der Heilige Vinzenz von Lérin warnte im fünften Jahrhundert vor Menschen, die mit angeblich neuen Offenbarungen um Gefolgschaft buhlen, und brachte dies unmittelbar mit Irrlehren in Verbindung: »Es schreibt also im Deuteronomium der selige Moses: Wenn in deiner Mitte ein Prophet aufsteht oder einer, der ein Traumbild gesehen zu haben behauptet, das heißt, ein in der Kirche aufgestellter Lehrer, der nach dem Glauben seiner Schüler oder Hörer infolge irgendeiner Offenbarung lehrt; was dann? Und wenn er, so heißt es weiter, ein Zeichen oder Wunder voraussagt und das eintritt, was er gesagt hat. Es wird hier fürwahr ein großer Lehrer, mag es sein, wer es will, von solcher Gelehrtheit angedeutet, dass er seinen Anhängern nicht nur Menschliches, sondern sogar Übermenschliches voraussagen zu können scheint, wie auch etwa die Schüler von Valentin, Donatus, Photinus, Apollinaris [vier bedeutende Ketzer der frühen Kirche] und anderen dieser Art rühmen. Und spräche er, heißt es dann, zu dir: Lasst uns hingehen und fremden Göttern folgen, die du nicht kennst, und ihnen dienen. Was sind die fremden Götter anders als fremde Irrtümer, die du nicht kanntest, das heißt, neue und nicht gehörte? Und lasst uns ihnen dienen, das heißt, ihnen glauben, ihnen folgen. Was ist der Schluss? Dann höre, heißt es, nicht auf die Worte jenes Propheten oder Träumers.«

2. Der Heilige Geist schenkt keine konträre Eingebung.

Erst recht aber kann der Heilige Geist niemals eine Eingebung schenken, die der Lehre Christi zuwiderläuft. Hierzu ist es hilfreich, sich an das Bekenntnis zur Dreieinigkeit zu erinnern, deren Fest nicht zufällig am Sonntag nach Pfingsten, also dem Fest der Ausgießung des Geistes, gefeiert wird. Wir bekennen, dass Vater, Sohn und Heiliger Geist wesensgleich sind, und dass der Geist aus dem Vater und dem Sohn hervorgeht. Was für viele Menschen wie eine Aufzählung inhaltsleerer Formeln klingt, erweist sich gerade in dieser Frage als überaus wichtig. Wenn der Geist aus dem Sohn hervorgeht und mit diesem wesensgleich ist, dann ergibt sich zwingend, dass er niemals etwas lehren kann, was zur Lehre des Sohns im Widerspruch steht.

3. Nicht alle Eingebungen stammen vom Heiligen Geist.

Auch andere Mächte können uns beeinflussen und von unseren Gedanken Besitz ergreifen. Deshalb ist die Unterscheidung der Geister oberste Pflicht eines jeden Christen. Hierbei können uns die beiden zuvor genannten Punkte eine große Hilfe sein. Entspricht eine Eingebung nicht dem Geist der Lehre Christi, so kann sie nicht von seinem Geist stammen. Aber auch die innere Verfasstheit sollte beachtet werden, worauf insbesondere der Heilige Ignatius von Loyola mit Nachdruck hingewiesen hat. Das Empfinden von Trost in der eigenen Seele ist immer ein Zeichen des Heiligen Geistes, der ja nicht umsonst auch »Tröster« genannt wird.

4. Der Heilige Geist schenkt nicht in jeder Situation eine Eingebung.

Gott hat uns seinen Beistand versprochen, aber wir haben keinen Anspruch darauf, uns bei jeder einzelnen Entscheidung unseres Lebens von seinem Geist führen zu lassen.

Wir können die Verantwortung für unsere Entscheidungen niemals an Gott abtreten. Eine nüchterne Analyse der eigenen Situation anhand von Erfahrung und Vernunft gehört zu unseren eigenen Möglichkeiten und muss stets ausgeschöpft werden. Schon Jesus selbst weist seine Gegner dahingehend zurecht:

»Da kamen die Pharisäer und Sadduzäer zu Jesus, um ihn zu versuchen. Sie forderten von ihm, ihnen ein Zeichen vom Himmel zu zeigen. Er antwortete ihnen: Wenn es Abend wird, sagt ihr: Es kommt schönes Wetter; denn der Himmel ist feuerrot. Und am Morgen sagt ihr: Heute kommt schlechtes Wetter, denn der Himmel ist feuerrot und trübt sich ein. Das Aussehen des Himmels wisst ihr zu beurteilen, die Zeichen der Zeit aber könnt ihr nicht beurteilen. Diese böse und treulose Generation fordert ein Zeichen, aber es wird ihr kein anderes gegeben werden als das Zeichen des Jona. Und er ließ sie stehen und ging weg.« (Matthäus 16,1–4)

Die Pharisäer und Sadduzäer standen unmittelbar vor dem fleischgewordenen Logos und fanden dennoch nicht zum Glauben. Wer das Offensichtliche nicht begreifen will, dem wird auch nicht durch zusätzliche Zeichen geholfen werden.

XIV. DIE MUTTER ALLEN CHRISTSEINS

Warum es ohne die Kirche keinen Glauben gibt

»Ich glaube an Jesus, aber die Kirche brauche ich nicht.« Dieser Slogan gehört zu den besonders stark verbreiteten Denkfehlern unserer Kultur. Er ist zugleich ein gutes Beispiel dafür, wie gesellschaftliche Entwicklungen theologische Denkfehler befördern können. Unsere Gesellschaft ist immer stärker von einer Bindungslosigkeit geprägt, sowohl im privaten wie im öffentlichen Raum. Gehörte die Bindung an Institutionen wie Parteien, Vereine oder Gewerkschafen noch vor einiger Zeit fest zur Identität vieler Bundesbürger, nehmen diese Bindungen nun stetig ab. Das bedeutet allerdings nicht, dass politische oder soziale Themen für die Menschen eine geringere Rolle spielen, lediglich die Art, für diese einzutreten, hat sich gewandelt.

Dieser Prozess findet analog auch im Bereich der Kirche statt. Man lebt seinen Glauben, aber nicht mehr zwingend in der Kirche. Für diese Menschen ist die Kirche so eine Art geistliches Fitnessstudio. Es ist praktisch, dort zu trainieren, sämtliche Utensilien werden einem zur Verfügung gestellt, man trifft Gleichgesinnte. Wirklich notwendig ist dieser Ort aber nicht. Man könnte auch ebenso gut für sich allein zu Hause trainieren, der Effekt wäre derselbe. Insbesondere während der Corona-Pandemie, als die Kirchen zwangsweise geschlossen wurden, konnte man diese Einstellung beobachten.

Neben diesen gesellschaftlichen Entwicklungen gibt es aber auch Bibelverse, die der oben genannten Haltung scheinbar Recht geben und daher auch immer wieder gerne hervorgebracht werden. Hierzu gehören insbesondere die Worte, die unser Herr bei der Auferweckung des Lazarus an Marta richtet:

Jesus sagte zu ihr: Ich bin die Auferstehung und das Leben. Wer an mich glaubt, wird leben, auch wenn er stirbt, und jeder, der lebt und an mich glaubt, wird auf ewig nicht sterben. Glaubst du das? Marta sagte zu ihm: Ja, Herr, ich glaube, dass du der Christus bist, der Sohn Gottes, der in die Welt kommen soll. (Johannes, 11,25–27)

Im Grunde ist es erstaunlich, wie verbreitet dieser Denkfehler ist, wenn man bedenkt, wie leicht und auf wie vielen Ebenen er sich widerlegen lässt. Wenn jemand sagt: »Ich glaube an Jesus, aber die Kirche brauche ich nicht,«, so könnte man zunächst ganz banal antworten: »Ohne die Kirche könntest du gar nicht an Jesus glauben, denn ohne sie, die den Glauben über Jahrhunderte bewahrt hat, hättest du niemals zum Glauben gefunden.« Etwas ausführlicher finden wir es in der Dogmatischen Konstitution *Dei Verbum*: »Daher musste die apostolische Predigt, die in den inspirierten Büchern besonders deutlichen Ausdruck gefunden hat, in ununterbrochener Folge bis zur Vollendung der Zeiten bewahrt werden. Wenn die Apostel das, was auch sie empfangen haben, überliefern, mahnen sie die Gläubigen, die Überlieferungen, die sie in mündlicher Rede oder durch einen Brief gelernt haben (vgl. 2 Thess 2,15), festzuhalten und für den Glauben zu kämpfen, der ihnen ein für alle Mal überliefert wurde (vgl. Jud 3). Was von den Aposteln überliefert wurde, umfasst alles, was dem Volk Gottes hilft, ein heiliges Leben zu führen und den Glauben zu mehren. So führt die Kirche in Lehre, Leben und Kult durch die Zeiten weiter und übermittelt allen Geschlechtern alles, was sie selber ist, alles, was sie glaubt.«

Aber selbst, wenn wir den Aspekt der Weitergabe des Glaubens mal für einen Moment beiseitelassen, bleibt die Aussage falsch. Denn an Christus glauben, bedeutet, an sein Werk glauben, und die Kirche gehört wesentlich zu diesem Werk, wie bereits der Apostel Paulus schreibt: »Ihr Männer, liebt eure Frauen, wie auch Christus die Kirche geliebt und sich für sie hingegeben hat, um sie zu heiligen, da er sie gereinigt hat durch das Wasserbad im Wort! So will er die Kirche herrlich vor sich hinstellen, ohne Flecken oder Falten oder andere Fehler; heilig soll sie sein und makellos.« (Epheserbrief 5,25–27)

Der christliche Glaube ist etwas Persönliches, aber nichts Privates. Für viele scheinen beide Begriffe mehr oder weniger synonym zu sein, doch sie sind es nicht. Persönlich bedeutet, dass etwas zu mir als Person gehört. Privat bedeutet, dass ich etwas vor anderen abzuschirmen versuche, weil es nur mich etwas angeht. Ersteres trifft auf den Glauben ohne Zweifel zu, Letzteres nicht. Der Rückzug ins Private ist für Christen keine Option. Persönlich wird der Glaube immer sein, aber unser Glaube ist nur dann wirklich persönlich, wenn er auch gemeinschaftlich ist.

Das Zitat aus dem Epheserbrief weist uns zu guter Letzt noch auf ein weiteres Argument hin, dass gelegentlich gegen die Kirche vorgebracht wird, nämlich ihre ›mangelnde Heiligkeit‹. Insbesondere im Zuge des Missbrauchsskandals wurde der Kirche vielfach ihre von Paulus postulierte Heiligkeit abgesprochen, was nicht wenige Mitglieder dazu veranlasste, ihr den Rücken zu kehren. Dieser Denkfehler ist weitaus älter als die anfangs genannten Entwicklungen, weshalb er auch bereits vor langer Zeit erfolgreich widerlegt wurde, und zwar von keinem geringeren als dem Heiligen Augustinus: »Der Herr selbst hat ein unvergleichliches Beispiel der Geduld gegeben, da er bis zu seinem Leiden den Teufel sogar unter den zwölf Aposteln ertrug. Er sagte: »Lasst beides wachsen bis zur Ernte, damit ihr nicht etwa, wenn ihr das Unkraut sammeln wollt, zugleich den Weizen mit ausreißt. [...] Eben diese Vorschriften bestärken uns so sehr darin, dass wir auch das Unkraut in der Kirche wuchern sehen und darin trotzdem weder ein Hindernis für unsern Glauben oder unsere Liebe erblicken, noch einen Grund, der uns die Kirche verlassen ließe […] Vielmehr sollten wir uns der Gleichnisse der Heiligen Schrift entsinnen, der göttlichen Weissagungen und der zuverlässigen Beispiele, durch die vorausgesagt und bewiesen ist, dass die Bösen mit den Guten in der Kirche vermischt sein werden bis an das Ende der Welt, bis zu der Zeit des Gerichts, und dass den Guten, die nicht in ihre Taten einstimmen, aus der Einheit mit ihnen und aus ihrer Teilhabe an den Sakramenten kein Schaden erwachsen wird.«

XV. DIE WELT DER BILDER

Warum man bei Vielfalt nicht einfältig sein sollte

Vielfalt ist das Zauberwort unserer Zeit – und das gleich in doppelter Hinsicht. Es öffnet dem Sprecher einerseits auf magische Weise das Tor zur Schatzkammer sagenumwobener staatlicher Fördermittel. Andererseits hat es aber auch eine magische Wirkung auf die Zuhörer, versetzt es sie doch in einen Zustand partieller Blindheit für gewisse gesellschaftliche Realitäten. Der Gebrauch des Wortpaares »Biblische Vielfalt« hat eine nicht minder blendende Wirkung. Es wird vor allem bei Fragen kirchlicher Familienethik ins Feld geführt, um beispielsweise Dinge wie Scheidung oder Homosexualität zu rechtfertigen mit der Begründung, diese Praktiken würden zur Vielfalt der biblischen Wirklichkeit gehören.

Nun ist es zweifellos richtig, dass sich innerhalb der Heiligen Schrift eine große Vielfalt unterschiedlichster Geschichten und Ereignisse findet. Dabei werden auch die negativen Seiten menschlichen Verhaltens keineswegs verschwiegen, im Gegenteil. Mord, Verrat, Folter, kaum etwas bleibt dem gründlichen Leser erspart. Es sei auch erwähnt, dass viele dieser Schandtaten keineswegs nur von den Schurken, sondern durchaus auch von den Helden der jeweiligen Erzählung begangen werden. In familiärer und sexueller Hinsicht bieten die biblischen Geschichten ebenfalls eine enorme Bandbreite, wiederum auch und gerade im negativen Spektrum. Prostitution, Inzest, Ehebruch, alle Elemente einer zünftigen BILD-Schlagzeile finden sich hier vereint. Schauen wir uns ein konkretes Beispiel aus dem Buch Genesis an:

»Lot zog von Zoar hinauf und ließ sich mit seinen beiden Töchtern im Gebirge nieder. Er fürchtete sich nämlich, in

Zoar zu bleiben. Er wohnte in einer Höhle, er und seine beiden Töchter. Eines Tages sagte die Ältere zur Jüngeren: Unser Vater wird alt und einen Mann, der mit uns verkehrt, wie es in aller Welt üblich ist, gibt es nicht. Komm, geben wir unserem Vater Wein zu trinken und legen wir uns zu ihm, damit wir durch unseren Vater Nachkommen erhalten. Sie gaben also ihrem Vater in jener Nacht Wein zu trinken; dann kam die Ältere und legte sich zu ihrem Vater. Er merkte nicht, wie sie sich hinlegte und wie sie aufstand. Am anderen Tag sagte die Ältere zur Jüngeren: Siehe, ich habe gestern bei meinem Vater gelegen. Geben wir ihm auch heute Nacht Wein zu trinken, dann komm und leg du dich zu ihm! So werden wir durch unseren Vater Nachkommen erhalten. Sie gaben ihrem Vater also auch in jener Nacht Wein zu trinken; dann machte sich die Jüngere auf und legte sich zu ihm. Er merkte nicht, wie sie sich hinlegte und wie sie aufstand. Beide Töchter Lots wurden von ihrem Vater schwanger. Die Ältere gebar einen Sohn und gab ihm den Namen Moab. Er gilt als Stammvater der Moabiter bis heute. Auch die Jüngere gebar einen Sohn und gab ihm den Namen Ben-Ammi. Er gilt als Stammvater der Ammoniter bis heute.«

Diese Geschichte ereignet sich übrigens unmittelbar nachdem Lot mit seiner Familie als Einziger die dem Untergang geweihten Städte Sodom und Gomorrha verlassen durfte, wie er als einziger dort ein gottgefälliges Leben führte – *honi soit qui mal y pense*! Wie dem auch sei, wir haben es hier mit einem eindeutigen Fall von Inzest zu tun, ganz zu schweigen von dem forcierten Beischlaf. Da es sich um einen biblischen Text handelt, könnte man diese Praxis also als Teil der biblischen Vielfalt verstehen und somit gutheißen, nicht wahr? Zum Glück haben wir die Evangelische Kirche in Deutschland (EKD), die uns hier fachkundig weiterhilft: »Angesichts der Vielfalt biblischer Bilder […] bleibt entscheidend, wie Kirche und Theologie die Bibel auslegen.« Dieser Satz findet sich in einer ›Orientierungshilfe‹ der EKD. Es entbehrt einer gewissen Ironie nicht, dass sich die Evangelische Kirche hiermit gleichsam ein eigenes kirchliches Lehramt schafft, während sie das reformatorische Prinzip *sacra scriptura sui ipsius interpres* (»Die Heilige Schrift ist ihre eigene Auslegerin«) unter den Tisch fallen lässt. Dabei wäre ausgerechnet dieses Prinzip im vorliegenden Fall so hilfreich gewesen. In besagter Orientierungshilfe heißt es beispielsweise, es gebe in der Bibel zahlreiche Verurteilungen homosexueller Praxis, aber auch »biblische Texte, die von zärtlichen Beziehungen zwischen Männern sprechen«. Zwar darf man getrost hinterfragen, ob Zärtlichkeit zwischen Männern automatisch mit sexuellen Neigungen einhergeht, aber es ist durchaus zutreffend, dass sich in der Bibel Berichte über praktizierte Homosexualität ebenso finden wie Verurteilungen derselben. Das hat aber nichts mit biblischer Vielfalt zu tun, sondern mit unterschiedlichen Textgattungen. Die Heilige Schrift enthält sowohl *deskriptive* als auch *präskriptive* Texte. So gibt es in der Bibel zahlreiche Erzählungen (deskriptiv) über Mord, Diebstahl etc. Zugleich finden wir die hierzu passenden präskriptiven Elemente, teils in Form von allgemeinen Geboten (»Du sollst nicht töten«, »Du sollst nicht stehlen« etc.), teils in Form unmittelbarer Zurechtweisung wie etwa im Falle Davids, der durch den Propheten Nathan über seine Schandtat bezüglich Bathseba belehrt wird. Übrigens findet sich die unmittelbare Kritik auch in der oben zitierten Geschichte von Lots Töchtern. Denn die wenig rühmliche Abstammung der Moabiter und Ammoniter ist natürlich eine direkte Breitseite gegen die mit Israel verfeindeten Völker.

Es war der schottische Gelehrte David Hume, der erstmals den hier begangenen Denkfehler, von einem *Sein* auf ein *Sollen* zu schließen, benannte, weshalb dessen Widerlegung auch als »Humes Gesetz« bezeichnet wird.

Wer deskriptive Texte der Bibel wie präskriptive behandelt, verstößt gegen ebendieses Gesetz. Wer diese simple Unterscheidung hingegen beherzigt, wird sich durch die »biblische Vielfalt« nicht verwirren lassen. Für einfältige Gemüter würde vielleicht ein »Bitte nicht nachmachen«-Aufkleber helfen.

XVI. DIE MACHT DER SÜNDE

Warum wir Sünde nicht wollen, aber trotzdem brauchen

»Da hat er eben leider recht, die Welt ist arm, der Mensch ist schlecht.« Mit dieser banalen und zugleich fundamentalen Erkenntnis aus Brechts Dreigroschenoper ist das Phänomen der Sünde recht gut umschrieben. Doch mit ebendiesem Konzept tun sich einige Kirchenvertreter heutzutage schwer. »Schluss mit Sünde!«, fordert gar ein Würzburger Theologieprofessor, womit er nicht etwa eine Welt ohne Sünde meint – wer wollte das nicht? –, sondern ein Christentum ohne den Begriff der Sünde. Der Haupteinwand gegen den Gebrauch dieses Begriffs liegt in seiner Negativität, die so gar nicht zum modernen Konzept der Selbstoptimierung passen will. Wer an die Macht der Sünde glaube, so der Einwand, mache es sich in seiner Schwachheit bequem und verweigere die Besserung mit dem Hinweis, man sei ja machtlos gegen die Sünde.

Nun ist es zweifellos richtig, dass all unser menschliches Tun letzten Endes umsonst ist und wir immer der Gnade Gottes bedürfen. Ob eine Erkenntnis aber nützlich oder schädlich ist, hängt zuweilen von der Situation ab, in der sie gewonnen wird. Der legendäre Faust beispielsweise kam zu der Erkenntnis: »Ich sehe, dass wir nichts wissen können«, aber er kam zu ihr am Ende einer lebenslangen Suche nach Wissen. Würde dieser Satz hingegen von einem Schulanfänger ausgesprochen, so wäre er nicht vielmehr als eine Ausrede für die eigene Lernunwilligkeit. Es kann also sein, dass ein und dieselbe Aussage als Resultat sinnvoll, als Voraussetzung jedoch irreführend ist. Diese Konstellation finden wir auch bei Aussagen über die Sünde vor. Wenn Paulus nach einer gescheiterten Existenz als gesetzestreuer Pharisäer zu der Erkenntnis kommt, dass der Mensch aus eigener Leistung nicht vor Gott gerecht werden kann, so ist das etwas anderes, als wenn jemand diese Erkenntnis als Freibrief für ein sündiges Leben betrachtet. Im richtigen Sinne verstanden ist das christliche Sündenbewusstsein alles andere als hinderlich für die persönliche Entwicklung, sondern verhilft im Gegenteil zu einer realistischen Einschätzung der eigenen Möglichkeiten. Natürlich darf eine entsprechende Selbstbetrachtung nicht einseitig auf die Sünde fixiert sein. Jedem Menschen sind auch gewisse Talente anvertraut, mit denen er nach bestem Wissen und Gewissen wuchern soll. Sein Talent aus Angst in der Erde zu vergraben, ist für einen Christen keine ernstzunehmende Option, aber andererseits hält ihn das Bewusstsein der eigenen Verführbarkeit davon ab, von der Erde abzuheben und mit künstlichen Flügeln zur Sonne aufsteigen zu wollen.

»Die Menschen sind böse; eine traurige und fortdauernde Erfahrung erübrigt den Beweis; jedoch, der Mensch ist von Natur aus gut, ich glaube, es nachgewiesen zu haben.« Dieser fundamentale Irrtum des Genfer Philosophen Jean-Jacques Rousseau (1712–1778) bildete den Grundstein für viele kollektivistische Terrorregime der kommenden Jahrhunderte. Das christliche Sündenbewusstsein hingegen hätte die Menschheit vor diesen bewahrt, da es die Sünde im Einzelnen erkennt. Alle kollektivistischen Systeme wollen einen neue, eine bessere, eine perfekte Gesellschaft erschaffen, sei es durch Auflösung der Klassen, durch Züchtung der Rasse oder was auch immer. Sie vergessen dabei aber einen ganz entscheidenden Umstand. Jede menschliche Gesellschaft besteht am Ende immer noch aus Menschen. Somit bleibt nur die bittere Ironie: Die schlimmsten Sünden der Menschheit wurden begangen, weil man die angeborene Sünde des Menschen ignoriert hat. Wie schreibt Brecht: »Wer wollt auf Erden nicht ein Paradies? Doch die Verhältnisse, gestatten sie's?«

Gänzlich fehlgeleitet ist auch der andere Vorwurf, die Anwendung des Begriffs ›Sünde‹ sei diskriminierend. Das genaue Gegenteil ist der Fall! ›Sünde‹ ist der am wenigsten diskriminierende Begriff überhaupt, da er ausnahmslos alle Menschen einschließt. Der Apostel Paulus verwendet ihn in seinem Brief an die Römer ja gerade dazu, um die Unterschiede zwischen Juden und Heiden aufzuheben. In den Anfängen des Christentums war es keineswegs immer eindeutig, wer sich als Christ bezeichnen durfte und wer nicht. Viele Juden lehnten Christus bekanntlich ab, aber auch unter jenen, sie sich zu ihm bekannten, gab es solche, die sich nach wie vor als Juden betrachteten und somit gegenüber ›Heidenchristen‹ gewisse Privilegien geltend machten. Doch Paulus löst diesen Dünkel auf: »Was heißt das nun? Sind wir [die Juden] im Vorteil? Nicht unbedingt. Denn wir haben vorher die Anklage erhoben, dass alle, Juden wie Griechen, unter der Herrschaft der Sünde stehen, wie geschrieben steht: Es gibt keinen, der gerecht ist, auch nicht einen; es gibt keinen Verständigen, keinen, der Gott sucht. Alle sind abtrünnig geworden, alle miteinander taugen nichts. Es gibt keinen, der Gutes tut, auch nicht einen Einzigen [...] Denn es gibt keinen Unterschied: Alle haben ja gesündigt und die Herrlichkeit Gottes verloren. Umsonst werden sie gerecht, dank seiner Gnade, durch die Erlösung in Christus Jesus.« (Römerbrief 3,9–24) Diese berühmte Stelle, die Luther als Grundlage seiner Rechtfertigungstheologie ansah, ist in Wahrheit die Lösung eines frühen Identitätskonflikts zwischen Juden und Heiden. Wir sehen also, die erste theologische Auseinandersetzung mit dem Thema ›Sünde‹ diente gerade dazu, bestehende Diskriminierungen aufzuheben.

Hilfreich ist in diesem Zusammenhang auch der Begriff der ›Erbsünde‹, der inzwischen leider noch unbeliebter ist als der Begriff ›Sünde‹ allein. Dabei verweist er durch den

Aspekt der Vererbung gerade auf die genetische Disposition zur Sünde, die wir alle in uns tragen. Zugleich widerlegt der Begriff das immer wieder zu hörende Argument, angeborenes Verhalten könne nicht sündhaft sein. Doch, das kann es, denn die Sünde selbst ist angeboren! Deshalb sind auch Sätze wie »Gott hat mich so gewollt« theologischer Quatsch, denn die Grundannahme christlichen Glaubens besteht in der Trennung des Menschen von Gott, also in der Tatsache, dass wir gerade nicht so sind, wie Gott uns wollte. Deshalb ruft Jesus die Menschen zur Umkehr, deshalb nahm er am Kreuz unsere Schuld auf sich.

XVII. DER GROSSE UNTERSCHIED

Warum wir nicht gleichgütig sein sollten

»Alle Menschen sind frei und gleich an Würde und Rechten geboren.« Diesen obersten Grundsatz der Allgemeinen Erklärung der Menschenrechte verdankt die Welt dem Christentum. Mögen Pseudohumanisten noch so oft behaupten, der Gedanke der Menschenwürde habe gegen die Kirche erkämpft werden müssen, die Faktenlage ist und bleibt eindeutig.

Die Entwicklung zur modernen Idee der Menschenwürde nimmt ihren Anfang im Renaissance-Humanismus des 14. Jahrhunderts, einer Bewegung, die auf die Vorstellungen der Antike zurückgriff und daraus ihr neues Menschenbild entwickelte. Die Wiederentdeckung der antiken Autoren alleine kann jedoch nicht ausschlaggebend für die neu formulierte Würde des Menschen gewesen sein, da es die antike Gesellschaft ja gerade nicht zu diesem Ideal gebracht hatte. Erst durch die Menschwerdung Gottes und ihre intellektuelle Rezeption zur Zeit der Renaissance wurde das Konzept der gleichen Würde aller Menschen denkbar. Besonders deutlich wird dies in den Schriften Francesco Petrarcas (1304–1374), der zu Recht als Vater des Renaissance-Humanismus gilt. In seinem Werk ›*De otio religioso*‹ (Über die religiöse Muße) schreibt er: »Freue dich, menschliche Natur, die in ihrem äußersten Elend mehr gesegnet wurde als sie es sich mit all ihrem Verstand hätte vorstellen können. Richtet euer gebildetes Genie darauf, sage ich. Hört, Platon, Aristoteles und Pythagoras: Hier liegt es verborgen, nicht ein lächerlicher Kreislauf von fantasievoller Seelenwanderung, sondern ein gewiss größeres Geheimnis wahrer Erlösung. Höre, Varro, Gebildetster unter den Menschen, der du so leidenschaftlich die Geheimisse erforscht hast: Hier wird nicht die Ratsversammlung deiner Götter und ihrer Irrtümer beschrieben, sondern die Wahrheit und Verehrung des einen Gottes. Er kam herab zur Erlösung der Menschheit, die er erhöht hat.«

Petrarcas Wertschätzung für die Autoren der Antike ist nicht zu überhören, doch ebenso wenig seine Betonung der Menschwerdung Gottes. Dieses Ereignis, das den menschlichen Verstand übersteigt, weshalb es selbst von den größten Geistern nicht erdacht werden konnte, bildet den Kern von Petrarcas neuem Menschbild, welches zur Grundlage unserer Zivilisation werden sollte. Nach dem Bilde Gottes geschaffen, wird der Mensch zum Gestalter der Welt. Aus dem irdischen Paradiese verstoßen, nimmt Gott an seinem Elend teil. Erst durch diese fundamentale Erkenntnis, die sich nun mit der antiken Gelehrsamkeit zu einer wirkmächtigen Idee verbinden sollte, wurde die weitere Entwicklung möglich, die schließlich ihren Höhepunkt in der Formulierung »Alle Menschen sind frei und gleich an Würde und Rechten geboren« fand.

Leider lassen sich viele Menschen, darunter nicht wenige Kirchenvertreter, durch diesen Gleichheitsgedanken verwirren. So ist bei einer evangelischen Pfarrerin zu lesen: »Es steht in der Bibel: Vor Gott sind wir alle gleich, gläubig oder ohne Glaube.« Eine durchaus gewagte These, noch dazu von einer Vertreterin der Reformation, die doch den Glauben stets als alleiniges Merkmal eines Christenlebens hervorgehoben hat. Natürlich steht ein solcher Unsinn nirgendwo in der Bibel, die gute Frau befindet sich auf einem eindeutigen Holzweg. Die Frage ist: Wo genau ist sie falsch abgebogen?

Als Beleg für ihre These zitiert die Dame eine Stelle aus dem Galaterbrief: »Es gibt nicht mehr Juden und Griechen, nicht Sklaven und Freie, nicht männlich und weiblich; denn ihr alle seid einer in Christus Jesus.« (3,28) Bereits beim Lesen dieses einen Satzes hätte man den Denkfehler bemerken können, aber ziehen wir die umliegenden Verse heran, um es noch deutlicher zu machen: »Denn alle seid ihr durch den Glauben Söhne Gottes in Christus Jesus. Denn ihr alle, die ihr auf Christus getauft seid, habt Christus angezogen. Es gibt nicht mehr Juden und Griechen, nicht Sklaven und Freie, nicht männlich und weiblich; denn ihr alle seid einer in Christus Jesus. Wenn ihr aber Christus gehört, dann seid ihr Abrahams Nachkommen, Erben gemäß der Verheißung.« Wodurch entsteht also die Gleichheit? Richtig, durch den Glauben an Christus! Ergo: Es ist nicht gleichgültig, ob man glaubt oder nicht, und auch nicht, an wen oder was man glaubt.

Es gibt aber noch einen anderen Bibelvers, aus dem zuweilen ein verqueres Gleichheitsideal abgeleitet wird. In seinem Brief an die Römer schreibt der Apostel: »Es ist kein Ansehen der Person vor Gott.« (2,11) Um zu verstehen, wie diese Aussage gemeint ist, hilft ein Blick in den Kontext, dem wir bereits im vorigen Kapitel begegnet sind. Paulus spricht zu Beginn des Briefes über das Verhältnis von Juden und Griechen/Heiden. Dabei stellt er die Frage, ob die Juden gewisse Sonderrechte vor Gott geltend machen können, und kommt zu dem Schluss: Nein! »Er wird jedem vergelten, wie es seine Taten verdienen: Denen, die beharrlich Gutes tun und Herrlichkeit, Ehre und Unvergänglichkeit erstreben, gibt er ewiges Leben, denen aber, die selbstsüchtig sind und nicht der Wahrheit gehorchen, sondern der Ungerechtigkeit, widerfährt Zorn und Grimm. Not und Bedrängnis wird das Leben eines jeden Menschen treffen, der das Böse tut, zuerst den Juden, aber ebenso den Griechen; doch Herrlichkeit, Ehre und Friede werden jedem zuteil, der das Gute tut, zuerst dem Juden, aber ebenso dem Griechen.« (Römerbrief 2,6–10) Vor Gottes Gericht kann sich niemand auf ein vermeintliches

Geburtsrecht berufen, die Herkunft macht keinen Unterschied. Hingegen zu behaupten, es mache keinen Unterschied, ob man ein Leben im Glauben führe oder nicht, ist an Absurdität kaum zu überbieten. »Wer an mich glaubt, wird leben, auch wenn er stirbt«, heißt es aus dem Munde unseres Herrn, woraus man doch wohl im Umkehrschluss folgern darf, dass derjenige, der nicht an ihn glaubt, dieses Leben nicht erlangen wird. Paulus lässt ebenfalls keinen Zweifel daran, dass nur derjenige, der sein Leben auf das ewige Leben ausrichtet, auch auf selbiges hoffen darf.

Vielleicht hilft ein Blick in unser Rechtssystem, um diesen Unterschied zu verdeutlichen. »Alle Menschen sind vor dem Gesetz gleich« heißt es in unserem Grundgesetz. Das bedeutet, dass Herkunft, Geschlecht etc. keinen Unterschied machen, wenn ein Mensch vor Gericht steht. Aber einen sehr großen Unterschied macht es, wie sich dieser Mensch zuvor verhalten hat. Davon wird sein Urteil abhängen. Der eine wird freigesprochen, der andere kommt ins Gefängnis, der dritte erhält eine Geldstrafe. Mit anderen Worten: Wir alle gehen gleich ins Gericht hinein, aber kommen nicht gleich wieder heraus.

Wir sehen also, die Frage von Gleichheit und Ungleichheit ist im Wesentlichen eine Frage des Zeitpunkts. Die Menschen sind gleich geboren, unterscheiden sich aber sehr wohl in ihren späteren Einstellungen und Handlungen. Insofern ist es ein gravierender Denkfehler zu meinen, alle Ausrichtungen des Lebens hätten den gleichen Wert vor Gott. Ebenso, wie der Unglaube dem Glauben nicht gleichzusetzen ist, kann dies auch nicht für andere Glaubensrichtungen gelten. Die Vorstellung, alle Religionen seien inhaltlich gleichwertig und unterschieden sich nur in ihren äußeren Formen, ist ein gefährlicher Irrtum. In Wirklichkeit ist es sogar genau umgekehrt. Es sind die äußeren Formen, die in den meisten Religionen mehr oder weniger gleich sind. Alle großen Religionen kennen Gottesdienst, Predigt, Gebet, Askese, Verehrung besonderer Persönlichkeiten, heilige Texte, verschiedene Schulen etc. Die jeweiligen Menschen- und Gottesbilder jedoch können oft unterschiedlicher nicht sein.

Es gilt also: Zu Beginn des Lebens herrscht Gleichheit, an seinem Ende nicht. In der Zwischenzeit sollten wir nicht gleichgültig sein.

XVIII. DIE DIALEKTIK DER NATUR

Warum Verzicht allein keine Lösung ist

»Es gibt keine Helden der Tat, sondern nur Helden des Verzichtens.« So formuliert es Albert Schweitzer (1875–1965) in seiner 1931 erschienenen autobiographischen Schrift ›*Aus meinem Leben und Denken*‹. Es war mitnichten seine erste. Der berühmte Arzt und Theologe hatte bis dahin bereits dreimal zur Feder gegriffen, um der Öffentlichkeit den Gang seines Lebens zu erläutern. Interessant ist dabei, dass Schweitzer in jüngeren Jahren eine ganz andere Einstellung zu diesem Thema hatte. So entspricht seine frühe Charakterisierung Jesu als der eines gewaltigen Genies, das die Welt aus den Angeln hebt, ganz den Topoi der romantischen Heldenverehrung des 19. Jahrhunderts. Aber auch persönlich ist der junge Schweitzer voll teutonischen Tatendrangs. An seine spätere Ehefrau Helene Bresslau schreibt er 1905: »Ich fühle nur eins, dass ich handeln will.« Welche Ursachen es genau waren, die zu seinem Sinneswandel führten, mag hier unbeachtet bleiben. Viel wichtiger ist, dass dieser persönliche Umschwung Schweitzers einen gesamtgesellschaftlichen Umschwung unserer Zeit geradezu vorwegnimmt. Das Verzichten ist zur alleinigen Grundlage der Ethik geworden.

Die ökologische Ethik ist eine Ethik des Nicht-Tuns. Sie misst die ethische Qualität menschlichen Verhaltens ausschließlich an den Dingen, die man zu tun vermeidet. Als Maßstab hierfür dient der sogenannte CO_2-Fußabdruck, also die Menge an Kohlendioxid, die ein Mensch produziert, direkt oder indirekt. Die ethische Formel ist denkbar einfach: Je niedriger mein CO_2-Wert, desto besser bin ich – also in etwa wie bei einem Golf Handicap. Tatsächlich ist dieser Vergleich passender, als man auf den ersten

Blick meinen könnte. Der beste Golfspieler ist derjenige, der bis zur Beendigung des Platzes die wenigsten Schläge benötigt. Der beste Mensch ist derjenige, der bis zur Beendigung seines Lebens am wenigsten Kohlendioxid produziert, also derjenige, der am wenigsten Auto fährt, am wenigsten heizt, am wenigsten Fleisch ist, am wenigsten atmet.

Natürlich kennt auch die christliche Ethik die Tugend des Verzichts, beispielsweise in Form des Fastens. Es ist auch keineswegs falsch, ökologische Kriterien in seine Lebensführung miteinzubeziehen. Im Gegenteil, die Besinnung auf die Ökologie gehört zu den revolutionären Errungenschaften unserer Zeit. Doch wie bei jeder Revolution kann es vorkommen, dass sie dazu übergeht, ihre eigenen Kinder zu fressen, dieses Mal leider in einem allzu wörtlichen Sinne. Die immer stärker werdende Bewegung »Birthstrike« (Gebärstreik) plädiert für einen Verzicht auf Fortpflanzung – der Umwelt zuliebe! Hier jedoch zeigt sich der entscheidende Denkfehler. Wenn es keine Menschen mehr gibt, für wen soll dann die Umwelt erhalten werden? Die Um-Welt hat ihren Namen ja daher, dass sie um den Menschen herum existiert. Aber vielleicht träumt man in solchen Kreisen wirklich von einer Welt ohne den Menschen.

Ganz so neu ist diese Ethik des Nicht-Tuns allerdings auch wieder nicht. Wie so oft gilt auch hier die biblische Weisheit, dass es nichts Neues unter der Sonne gibt, und tatsächlich finden wir die antike Entsprechung dieses Verhaltens bereits in der Heiligen Schrift. Natürlich war man damals nicht so radikal, gleich den Fortbestand der Menschheit aufhalten zu wollen. Aber es gab bereits eine Gruppe von Leuten, deren oberstes Gesetz darin bestand, bestimmte Dinge *nicht* zu tun. Und es gab damals schon jemanden, der sie auf die Unsinnigkeit dieser Haltung hingewiesen hat:

»Von dort ging er [Jesus] weiter und kam in ihre Synagoge. Und siehe, dort saß ein Mann, dessen Hand verdorrt war. Sie [die Pharisäer] fragten ihn: Ist es am Sabbat erlaubt zu heilen? Sie suchten ihn nämlich anzuklagen. Er aber sprach zu ihnen: Wer von euch, der ein einziges Schaf hat, wird es nicht packen und herausziehen, wenn es ihm am Sabbat in eine Grube fällt? Wie viel mehr ist ein Mensch als ein Schaf? Darum ist es am Sabbat erlaubt, Gutes zu tun. Dann sagte er zu dem Mann: Streck deine Hand aus! Er streckte sie aus und die Hand wurde wiederhergestellt – gesund wie die andere. Die Pharisäer aber gingen hinaus und fassten den Beschluss, Jesus umzubringen.« (Matthäus 12,9–14)

In dieser kleinen Geschichte offenbart sich der Kern des Konflikts zwischen Jesus und den Pharisäern. Für letztere dreht sich alles um die starre Befolgung von Regeln, und zwar Regeln des Vermeidens: kein Umgang mit unreinen Menschen, keine Arbeit am Sabbat, keine unreinen Speisen etc. Die positive Tatkraft, wie sie Jesus verkörpert, lehnen sie ab. Der Vergleich zu den heutigen Vertretern ökologischer Ethik springt ins Auge, allerdings nicht nur in Bezug auf die pedantische Einhaltung von Negativvorschriften. Typisch für beide Gruppen ist außerdem ihre Zugehörigkeit zur Oberschicht (vielleicht daher das Denken in Golfkategorien?) sowie ihre Heuchelei. Hollywoodgrößen, die im Privatjet zur Oscarverleihung fliegen, um dort für Hybridautos zu werben, sind ebenso wenig glaubwürdig wie eine Teenagerin, die über den Atlantik segelt statt zu fliegen, für die Rückholung des Schiffes jedoch fünf weitere Segler benötigt, die eigens dafür eingeflogen werden müssen.

»Ihr habt den Teufel zum Vater« (Joh. 8,44), wirft Jesus den Pharisäern mit brutaler Härte an den Kopf. Aber der Vorwurf ist nicht aus der Luft gegriffen, gerade in Bezug auf die negative Ethik der Pharisäer. Der Teufel hat nur die Macht zu zerstören, die Fähigkeit zu schaffen geht ihm ab. Stellt er sich dem Faust nicht mit folgenden Worten vor:

Ich bin der Geist, der stets verneint!
Und das mit Recht; denn alles, was entsteht,
Ist wert, daß es zugrunde geht;
Drum besser wär's, daß nichts entstünde.
So ist denn alles, was ihr Sünde,
Zerstörung, kurz, das Böse nennt,
Mein eigentliches Element.

Und antwortet ihm der gelehrte Mann nicht:

So setzest du der ewig regen,
Der heilsam schaffenden Gewalt
Die kalte Teufelsfaust entgegen,
Die sich vergebens tückisch ballt!

»Drum besser wär's, daß nichts entstünde« – dieses mephistophelische Wort könnte auch das Motto von »Birthstrike« sein.

XIX. DER RUF GOTTES

Warum man Berufungen nur erfahren, aber nicht suchen kann

»Finde Deine Berufung!« Diesen Satz entdeckt man in dieser oder ähnlicher Form auf zahllosen Buchcovern, auch und gerade im Bereich der christlichen Ratgeberliteratur. Die Autoren rufen ihre Leser dazu auf, nach Gottes Berufung für das eigene Leben zu suchen, und geben ihnen dazu auch gleich die nötigen Werkzeuge an die Hand. Für gewöhnlich handelt es sich dabei um Fragebögen und Tests zur Selbsteinschätzung, vor allem zu den eigenen Talenten und Vorlieben. Sind Sie eher introvertiert oder extrovertiert? Treffen Sie Entscheidungen eher mit dem Kopf oder mit dem Bauch? Würden Sie für eine Veranstaltung lieber die Webseite gestalten oder die Bühne aufbauen? Hat man alles korrekt ausgefüllt, erhält man sein Ergebnis und somit zugleich seine Berufung. Causa finita.

Man ist geneigt zu fragen: Haben diese Autoren mal eine echte Berufungsgeschichte gelesen? Vielleicht in der Heiligen Schrift? Natürlich wäre das mal wieder eine rhetorische Frage, denn hätten sie es getan, wären ihnen einige Dinge aufgefallen.

1. Die Berufung eines Menschen erfolgt gerade nicht anhand seiner Stärken und Talente. Dass unser Herr ausgerechnet den wankelmütigen Petrus als Fels seiner Gemeinde ausgewählt hat, müsste sonst als Fall von grober Fahrlässigkeit geahndet werden. Aber es waren eben nicht Fleisch und Blut, die für diese Entscheidung verantwortlich waren: »Da sagte er zu ihnen: Ihr aber, für wen haltet ihr mich? Simon Petrus antwortete und sprach: Du bist der Christus, der Sohn des lebendigen Gottes! Jesus antwortete und sagte zu ihm: Selig bist du, Simon Barjona; denn nicht Fleisch und Blut haben dir das offenbart, sondern

mein Vater im Himmel. Ich aber sage dir: Du bist Petrus und auf diesen Felsen werde ich meine Kirche bauen und die Pforten der Unterwelt werden sie nicht überwältigen.« (Matthäus 16,15–18)

Dabei war er ja keineswegs so, dass Jesus um die Schwäche des Petrus nicht gewusst hätte: »Jesus sagte zu ihm: Amen, ich sage dir: In dieser Nacht, ehe der Hahn kräht, wirst du mich dreimal verleugnen. Da sagte Petrus zu ihm: Und wenn ich mit dir sterben müsste – ich werde dich nie verleugnen.« (Matthäus 26,34–35) Wie das Ganze ausgegangen ist, wissen wir. Aber selbst nach Tod und Auferstehung unseres Herrn legt Petrus seine charakteristische Schwäche nicht gänzlich ab. In Antiochia hatte er zunächst zusammen mit unbeschnittenen Christen gegessen, sich dann aber aus Angst vor dem Urteil der neu angereisten jüdischen Christen von ihnen ferngehalten. Paulus weist ihn dafür zurecht, ohne jedoch den Rang des Petrus als Säule der Gemeinde in Frage zu stellen.

Im Alten Testament ist die Sache noch eindeutiger. Für gewöhnlich ist die erste Reaktion des Berufenen der ablehnende Hinweis auf die eigene Unfähigkeit. Mose erklärt, er sei kein guter Redner, Jeremia wirft ein, er sei zu jung usw. Man stelle sich vor, einer dieser beiden hätte versucht, seine Berufung anhand eines Selbsteinschätzungstests zu ermitteln. Erst recht aber richtet sich die Berufung nicht nach den persönlichen Vorlieben und Interessen des Berufenen. Wer hätte schon Lust darauf, dem eigenen Volk den Zorn Gottes zu verkünden oder sich mit der Weltmacht Ägypten anzulegen? Würde das entsprechende Vorgehen den eigenen Wünschen entsprechen, bräuchte Gott denjenigen ja gar nicht erst zu berufen, da er es wohl früher oder später von selbst tun würde. Daraus ergibt sich sogleich der nächste Punkt.

2. Die Berufenen haben nicht um ihre Berufung gebeten, geschweige denn aktiv danach gesucht. Am eindrücklichsten ist dies wohl dem Buch Jona zu entnehmen. Schon der erste Satz der Erzählung ist bezeichnend. »Das Wort des Herrn geschah zu Jona«. So fängt die Geschichte an. Nicht etwa mit »Jona bat Gott um eine Berufung« oder »Jona füllte einen Fragebogen aus«. Das berufende Wort Gottes geschieht einfach, ohne Bitte, ohne Vorwarnung. Der Ruf kommt von außen, nicht von innen. Und Jonas Reaktion zeugt ja bekanntlich auch nicht gerade von großer Begeisterung. Er versucht, vor Gottes Ruf zu fliehen, und kann erst durch tiefgreifende Maßnahmen dazu gebracht werden, nach Ninive zu gehen, um Gottes Gericht über die Stadt anzukündigen. Und ähnlich wie bei Petrus tritt auch bei Jona durch die Berufung keine grundlegende Charakterveränderung ein. Denn nach erfolgtem Auftrag ist er schon wieder trotzig und hat den Nerv, sich bei Gott über dessen Gnade zu beschweren.

3. Berufungen sind etwas äußerst Seltenes. Nur der moderne Gleichheitswahn, dem jeder Sinn für das Heilige, das Herausragende abhandengekommen ist, konnte die Vorstellung ersinnen, dass jeder Mensch eine persönliche Berufung von Gott erhalte. Eine, um nicht zu sagen die einzige Bibelstelle, die hierfür zuweilen als Beleg herangezogen wird, findet sich beim Propheten Jeremia: »Denn ich, ich kenne meine Pläne, die ich für euch habe – Spruch des Herrn –, Pläne des Heils und nicht des Unheils; denn ich will euch eine Zukunft und eine Hoffnung geben.« (Jeremia 29,11) In den meisten aktuellen Übersetzungen, unter anderem auch in der neuesten Fassung der Einheitsübersetzung, ist statt »Pläne« der wohl treffendere Begriff »Gedanken« gewählt worden. Aber um den genauen Terminus geht es gar nicht. Selbst wenn man bei Plänen bleibt, so handelt es sich um Pläne für »den Rest der Ältesten der Verbannten, an die Priester, die Propheten

und das ganze Volk sandte, das Nebukadnezzar von Jerusalem nach Babel verschleppt hatte«, an die nämlich der Brief des Jeremia gerichtet ist, aus dem das genannte Zitat stammt. Daraus abzuleiten, dass Gott für alle Menschen zu allen Zeiten konkrete Pläne und/oder Berufungen hat, wäre verfehlt. Doch wenn man den eigentlichen Charakter einer Berufung bedenkt, gibt es gar keinen Anlass, sich über die geringe Wahrscheinlichkeit einer solchen zu ärgern. Seien wir ehrlich, die meisten von uns haben mit ihren unberufenen Leben mehr als genug zu tun.

XX. DIE OHNMACHT DER GEFÜHLE

Warum Palmwedel nicht ewig halten

»Als sie sich Jerusalem näherten und nach Betfage am Ölberg kamen, schickte Jesus zwei Jünger aus und sagte zu ihnen: Geht in das Dorf, das vor euch liegt; dort werdet ihr eine Eselin angebunden finden und ein Fohlen bei ihr. Bindet sie los und bringt sie zu mir! Und wenn euch jemand zur Rede stellt, dann sagt: Der Herr braucht sie, er lässt sie aber bald zurückbringen. Das ist geschehen, damit sich erfüllte, was durch den Propheten gesagt worden ist: Sagt der Tochter Zion: Siehe, dein König kommt zu dir. Er ist sanftmütig und er reitet auf einer Eselin und auf einem Fohlen, dem Jungen eines Lasttiers. Die Jünger gingen und taten, wie Jesus ihnen aufgetragen hatte. Sie brachten die Eselin und das Fohlen, legten ihre Kleider auf sie und er setzte sich darauf. Viele Menschen breiteten ihre Kleider auf dem Weg aus, andere schnitten Zweige von den Bäumen und streuten sie auf den Weg. Die Leute aber, die vor ihm hergingen und die ihm nachfolgten, riefen: Hosianna dem Sohn Davids! Gesegnet sei er, der kommt im Namen des Herrn. Hosanna in der Höhe! Als er in Jerusalem einzog, erbebte die ganze Stadt und man fragte: Wer ist dieser? Die Leute sagten: Das ist der Prophet Jesus von Nazaret in Galiläa.« (Matthäus 21,1–11)

Ausnahmsweise geht diesem Kapitel ein kompletter Abschnitt aus dem Evangelium voran. Das gebietet das Thema, denn es ist von größter Wichtigkeit, sich die genauen Ereignisse rund um Jesu Einzug in Jerusalem vor Augen zu führen. Mit Jubel und Begeisterung empfängt das Volk den Sohn Davids. Die Palmzweige, die sie als Zeichen der Bewunderung auf den Weg streuen, geben dem Sonntag vor Ostern seinen Namen: Palmsonntag. Doch dieses Fest der Freude ist zugleich der Beginn der Karwoche, der

Woche der Trauer, die mit Kreuzigung und Tod Jesu endet und in der jedwede Form von Festlichkeit traditionell unterbunden ist. Autoren geistreicher Kalendersprüche pflegen dies mit Sätzen zu kommentiere wie »Freud' und Leid liegen nah beieinander« oder »Leben und Tod sind eng miteinander verbunden«. Die theologische Botschaft geht jedoch tiefer.

Aus einem ›Hosianna‹ wird ein ›Kreuzige ihn!‹. Offenbar braucht es dafür nicht viel, nicht einmal sieben Tage vergingen zwischen beiden Rufen. Es sollte beachtet werden, dass die Begeisterung des Palmsonntags keineswegs gespielt, sondern durchaus echt war. Niemand, am allerwenigsten Jesus selbst, hatte die Menge zu einer solchen Aktion aufgefordert, es gab weder Anheizer noch Vorklatscher. Ganz von selbst stieg die Euphorie in den Menschen auf. Ob es sich bei der Gruppe, die wenige Tage später die Freilassung des Barabbas anstelle Jesu fordert, um dieselben Leute handelt, die zuvor ihre Palmwedel geschwungen haben, ist zwar nicht eindeutig festzustellen, aber der Text liefert einen bemerkenswerten Hinweis: »Inzwischen überredeten die Hohepriester und die Ältesten die Menge, die Freilassung des Barabbas zu fordern, Jesus aber hinrichten zu lassen.« (Matthäus 27,20) Da die Leute erst überredet werden mussten, sich für Barabbas einzusetzen, kann es sich nicht um Freunde oder Verbündete des Gefangenen gehandelt haben. Die Vermutung liegt also nahe, dass es zumindest gewisse Überschneidungen zwischen der jubelnden Menge des Palmsonntags und der lynchenden Menge des Karfreitags gibt.

Menschen sind wankelmütig, ihre Launen wechselhaft. Auch dies wäre in sich noch keine großartige Erkenntnis, jedenfalls keine, für die man das Evangelium bemühen müsste. Aber die Bedeutung für den Glauben ist fundamental. Begeisterung kann in Verachtung umschlagen,

Vorfreunde in Angst, Liebe in Hass. Genau aus diesem Grund sind Emotionen zumeist eine schlechte Basis für dauerhafte Beziehungen. Eine Ehe, die nur auf dem starken Gefühl des ersten Verliebtseins aufbaut, steht unter einem schlechten Stern. Natürlich muss sich dieses Verliebtsein nicht zwangsläufig irgendwann in Hass wandeln, aber die Erfahrung lehrt, dass solche Gefühle nicht von ewiger Dauer sind. Vergehen sie, wird die Beziehung, wenn sie denn kein anderes Fundament hat, mit hoher Wahrscheinlichkeit absterben.

Mit dem Glauben verhält es sich ebenso, denn Glaube ist Beziehung, nicht einfach nur ein Fürwahrhalten bestimmter Inhalte. Deshalb sollte auch der Glaube nie ausschließlich gefühlsbetont sein. Diesen Denkfehler begehen heutzutage insbesondere viele charismatisch geprägte Christen. Sie feiern ihr Glaubensleben und auch ihre Gottesdienste als großes Event, bei dem vor allem die Emotion hervorgehoben wird, weniger Vernunft und Reflexion, starke Gefühlsausbrüche gelten als Zeichen des Wirkens des Heiligen Geistes. Nun stößt die charismatische Bewegung zweifelsohne in eine Lücke, die ein zuweilen stark entemotionalisiertes westliches Christentum hinterlassen hat. Diese Wiederentdeckung des spirituellen Elements des Glaubens ist überaus wohltuend. Doch es wäre gefährlich, das Kind mit dem Bade auszuschütten. Natürlich ist es völlig in Ordnung, im Gottesdienst seine Hände gen Himmel zu strecken, aber es tut auch gut, sich daran zu erinnern, dass dies nicht zwingend notwendig ist, und dass man auch einfach mit geöffneten Händen vor Gott stehen kann, in Stille und Ehrfurcht, als der demütig Empfangende. Die zweite Gefahr der Bewegung besteht darin, zu sehr die Bedürfnisse unserer modernen Spaßgesellschaft befriedigen zu wollen. Denn auch unschöne Emotionen wie das Schaudern über die eigene Sündhaftigkeit gehören in den Erfahrungsschatz jedes Christen.

Der Bestsellerautor und anglikanische Theologe C.S. Lewis drückte es einmal – etwas frech aber doch recht treffend – so aus: »Letztlich ist es mit dem Glaubensleben wie mit dem Sexualleben. Ob es Frucht bringt, hängt nicht davon ab, wie viel Spaß man dabei hat.«

Die Kirche ruht auf dem Fels in der Brandung, nicht auf den Stürmen des Meeres. Freude, Begeisterung, Euphorie – alles schön und gut, aber es bleibt die Mahnung der Karwoche. Palmwedel vertrocknen früher oder später. Mit der Begeisterung ist es oft ähnlich.

XXI. DAS VERRÄTERISCHE HERZ

Warum Christen nicht immer auf ihr Herz hören sollten

»Folge dem, was Dein Herz Dir rät!« So lautet der Titel der Biographie einer bekannten evangelischen Theologin. Man hätte diese Weisheit auch auf einem kleinen weißen Zettelchen in einem chinesischen Glückskeks finden können, aber sei es, wie es sei. Große Erkenntnisse müssen nicht immer kompliziert sein. Von einer großen Erkenntnis ist dieses Lebensmotto auch nicht wegen seiner Schlichtheit so weit entfernt, sondern wegen seiner theologischen Fragwürdigkeit.

Ist das Herz wirklich die beste Richtschnur für unsere Entscheidungen? Wenn wir das Buch Genesis aufschlagen, erhalten wir einen ganz anderen Eindruck. Allerdings muss hierfür zunächst ein anderes Missverständnis ausgeräumt werden. Während unsere westliche Kultur das Herz als Sitz des Gefühls begreift, im Gegensatz zum im Kopf beheimateten Verstand, kennt das hebräische Denken diese Unterscheidung nicht. Vielmehr bildet das Herz das Zentrum der Persönlichkeit, in dem (vernünftige wie emotionale) Entscheidungen getroffen werden. Es war Kains von Neid zerfressenes Herz, das dazu führte, dass es bereits in der ersten Generation der Menschheit zu einem Mord kam. Aber auch in den folgenden Generationen scheint sich das Verhalten der Menschen nicht wesentlich gebessert zu haben, denn: »Der HERR sah, dass auf der Erde die Bosheit des Menschen zunahm und dass alles Sinnen und Trachten seines Herzens immer nur böse war.« (Genesis 6,5) Diese Einsicht bringt ihn schließlich dazu, das Menschengeschlecht durch eine große Flut vom Erdboden zu vertilgen. Nach dem Ende der Flut ändert Gott jedoch seine Einstellung: »Ich werde den Erdboden wegen des Menschen nie mehr verfluchen;

denn das Trachten des menschlichen Herzens ist böse von Jugend an.« (8,21) Der durch das ›denn‹ eingeleitete Kausalsatz wirkt zunächst paradox. Müsste hier nicht eher ein ›obwohl‹ stehen? Es ist wohl so zu verstehen, dass hier noch einmal die Begründung dafür gegeben wird, dass Gott die Menschen eigentlich verfluchen müsste, wenn er konsequent wäre. Aber genau darum geht es: Nicht die Menschen haben ihre Einstellung geändert, sondern Gott. Weil die Menschen nicht so waren, wie sie sein sollten, zerstörte er sie, jetzt sagt er sich: Ich will sie so nehmen, wie sie sind, mitsamt ihren bösen Herzen.

Doch trotz dieser mehr als eindeutigen Warnung gibt es tatsächlich eine biblische Grundlage für den eingangs genannten Buchtitel. Nach Aussage des Autors ist er an ein Wort aus dem Buch Jesus Sirach angelehnt, einer Spätschrift des Alten Testaments, die eigentlich in evangelischen Bibelausgaben gar nicht enthalten sein sollte. Die Reformatoren sonderten diese Schriften aus, da sie nicht in der hebräischen, sondern nur in der griechischen Bibel enthalten waren. Vielleicht ist die mangelnde Vertrautheit mit diesen Schriften auch der Grund dafür, dass besagter Satz von der in der Biographie beschriebenen evangelischen Theologin aus dem Zusammenhang gerissen wurde.

Schauen wir uns die betreffende Stelle einmal genauer an. Im 37. Kapitel des Buches Jesus Sirach, in dem sich das besagte Zitat befindet, lesen wir: »Berate dich nicht mit einer Frau über ihre Nebenbuhlerin oder mit einem Ängstlichen über den Krieg oder mit einem Kaufmann über die Ware oder mit einem Käufer über den Preis. Berate dich auch nicht mit einem Missgünstigen über Dankbarkeit oder mit einem Unbarmherzigen über Barmherzigkeit, mit einem Faulen über die Arbeit oder mit einem Tagelöhner über das Ende der Arbeit oder mit einem trägen

Hausknecht über zu viel Arbeit. Solche Leute frag nicht um Rat, sondern halte dich stets an einen Gottesfürchtigen, von dem du weißt, dass er die Gebote hält, der wie du gesinnt ist und Mitleid mit dir hat, wenn du strauchelst. Und bleibe bei dem, was dir dein Herz rät; denn du wirst keinen treueren Ratgeber finden. Denn mit seinem Herzen kann ein Mann mehr erkennen als sieben Wächter, die oben auf der Warte sitzen. Doch bei alledem rufe den Allerhöchsten an, dass er in Wahrheit deinen Weg ebne.«

Guter Rat ist teuer, sagt der Volksmund, und genau darum geht es hier, um eine Warnung vor ungeeigneten Ratgebern, verbunden mit dem Hinweis, dass der Rat des eigenen Herzens im Zweifel verlässlicher ist als der Rat eines Fremden. Es ist ein bisschen wie bei dem alten Witz: »Wenn Du nicht weißt, wie Du Deine Kinder erziehen sollst, frag' jemanden, der keine hat, der weiß es.« Dennoch, und das ist der gefährliche Denkfehler, darf das eigene Herz nicht als höchste Autorität eingesetzt werden. Deshalb weist der Abschnitt ja ausdrücklich den Gottesfürchtigen als wertvollen Ratgeber aus und schließt mit der eindringlichen Ermahnung, bei allen Entscheidungen den Allerhöchsten anzurufen, auf dass er den richtigen Weg weise. Petrus und die übrigen Apostel werden diesen Gedanken später in die eindringliche Formel fassen: »Man muss Gott mehr gehorchen als den Menschen.« (Apostelgeschichte 5,29)

Eine Welt, in der jeder das tut, was sein eigenes Herz für richtig hält, ist nach biblischen Maßstäben eine Horrorvorstellung. Besonders deutlich wird dies in den letzten Kapiteln des Buches Richter. Hier wird von einem Mann namens Micha berichtet, der nicht nur seine eigene Mutter bestiehlt, sondern auch einen persönlichen Gottesdienst erstellt, den er sich selbst zurechtgelegt hat. Diese Vorgänge werden folgendermaßen kommentiert: »Zu der

Zeit war kein König in Israel, und jeder tat, was ihn recht dünkte« (Richter 17,6). Wenn jeder nur auf sein eigenes Herz hört, enden wir in einem subjektivistischen Chaos. Wer sein Herz jedoch auf den König der Könige ausrichtet, kann seiner inneren Stimme vertrauen und sollte sich nicht durch Ratschläge anderer verwirren lassen.

XXII. DER SINN DER NÄCHSTENLIEBE

Warum es ganz bewusst »der Nächste« heißt

Es ist der wohl berühmteste Satz des Christentums: Du sollst deinen Nächsten lieben wie dich selbst. Eigentlich ist dieser Satz nicht sonderlich schwer zu verstehen. Schwer zu befolgen, ja, das ist er in der Tat, und vielleicht ist das auch der Grund dafür, warum so viele Menschen Probleme mit ihm haben. Schon im Neuen Testament tritt jemand mit einer entsprechenden Frage an Jesus heran.

»Und siehe, ein Gesetzeslehrer stand auf, um Jesus auf die Probe zu stellen, und fragte ihn: Meister, was muss ich tun, um das ewige Leben zu erben? Jesus sagte zu ihm: Was steht im Gesetz geschrieben? Was liest du? Er antwortete: Du sollst den Herrn, deinen Gott, lieben mit deinem ganzen Herzen und deiner ganzen Seele, mit deiner ganzen Kraft und deinem ganzen Denken, und deinen Nächsten wie dich selbst. Jesus sagte zu ihm: Du hast richtig geantwortet. Handle danach und du wirst leben! Der Gesetzeslehrer wollte sich rechtfertigen und sagte zu Jesus: Und wer ist mein Nächster?« (Lukas 10,25–29)

An dieser Situation sind gleich mehrere Dinge bemerkenswert. Zum einen ist der Gesetzeslehrer seinen Kollegen schon einen Schritt voraus. Bei den Evangelisten Matthäus und Markus fragt er nach dem höchsten Gebot, doch dieser Gesetzeslehrer kennt die Antwort auf jene Frage bereits und nimmt sie noch weiter auseinander. Zugleich ist auffällig, dass die Frage mit dem Hinweis versehen wird, dass der Gesetzeslehrer sie stellt, um sich selbst zu rechtfertigen. Sie erinnert somit ein wenig an die Frage des Pilatus »Was ist Wahrheit?«, welche dieser ja nur stellt, um sich vor der offensichtlichen Wahrheit zu drücken. Auch der Gesetzeslehrer möchte seiner Verantwortung entfliehen, indem er versucht, das Gebot als unerfüllbar hinzustellen, da es keine eindeutige Antwort auf die Frage nach dem Nächsten geben kann, als wollte er sagen: Ich will ja das Gebot erfüllen, aber Gott sagt mir nicht genau, wie es geht. Als Erwiderung erzählt Jesus die berühmte Geschichte vom barmherzigen Samariter, der dem Verletzten am Straßenrand hilft, nachdem der Priester und der Levit achtlos vorbeigegangen sind. So bekannt die Geschichte ist, so wenig bekannt ist ihre Pointe. Natürlich spielen Kultkritik und der nationenübergreifende Charakter der Nächstenliebe eine Rolle, aber das eigentlich Spannende ist Jesu Frage an den Gesetzeslehrer: »Wer von diesen dreien meinst du, ist dem der Nächste geworden, der von den Räubern überfallen wurde?« Anstatt sich auf die Fangfrage seines Gegenübers einzulassen, stellt Jesus sie einfach auf den Kopf. Die Antwort auf die Frage »Wer ist mein Nächster?«, lautet: Du selbst bist der Nächste! Nächster zu sein, ist also nicht eine Eigenschaft des Anderen, sondern ein Anspruch an sich selbst.

Aus diesem klassischen Fallbeispiel ergeben sich zwei wichtige Charakteristika der Nächstenliebe:

1. Nächstenliebe ist kein Selbstzweck. So tugendhaft sie ist, man kann es mit ihr tatsächlich auch übertreiben. Psychologen sprechen in solchen Fällen von pathologischem Altruismus, umgangssprachlich auch als Helfersyndrom bekannt. Manche Menschen sehen den gesamten Sinn ihres Lebens darin, anderen zu helfen. Abgesehen davon, dass eine solche Einstellung nahezu zwangsläufig negative Folgen für die Betroffenen selbst hat, ist sie auch aus christlicher Sicht nicht erstrebenswert. Man kann dies an einer anderen christlichen Tugend verdeutlichen, der Tapferkeit. Tapfer zu sein bedeutet nicht, absichtlich die Gefahr zu suchen. Es bedeutet, sich bei aufziehender Gefahr

standhaft zu zeigen. So verhält es sich auch bei der Nächstenliebe. Man muss nicht krampfhaft nach Menschen suchen, denen man der Nächste sein könnte, sondern soll es für diejenigen werden, denen wir in Not begegnen.

2. Nächstenliebe ist konkret. Es geht um den konkreten Menschen, nicht um ein abstraktes Kollektiv. Viele möchten gern ›den Armen‹ helfen oder ›das Klima‹ retten. Genauer gesagt, sie möchten, dass andere den Armen helfen oder das Klima retten. Pläne zur Hilfe der sozial Schwächeren beinhalten für gewöhnlich die Forderung nach höheren Steuern, komischerweise aber immer nur für andere. Die Liebe zum abstrakten Helfen ist nicht selten eine Flucht vor dem konkreten Nächsten, da erstere weitaus einfacher und bequemer ist als letztere. Eine Petition für die Einführung des Mindestlohns in Bangladesch zu unterzeichnen, erfordert keinen großen Aufwand, und man fühlt sich auch gleich gut mit dem Gedanken, etwas für diese Menschen getan zu haben. Diejenigen zu lieben, die uns wirklich am nächsten sind, ist eine Herausforderung ganz anderer Art. Eine liebende Beziehung zu wahren zu seiner Frau, seinem Mann, seinen Kindern, seinen Eltern, seinen Freunden, seinen Nachbarn, das erfordert mehr als einen Mausklick. Es fühlt sich auch mitnichten immer so erbaulich an. Nächstenliebe ist mit schwierigen Kompromissen verbunden, mit dem Eingeständnis eigener Fehler, der Fähigkeit zu vergeben und vielem anderen mehr.

Keineswegs aber sollte man Nächstenliebe in einem räumlichen Sinne missverstehen. Auch jenen Menschen, die geographisch von uns entfernt sind, können und sollen wir zu Nächsten werden, wenn ihre Not sich uns präsentiert. Hüten muss man sich hier allerdings vor dem, was der Soziologe Helmut Schelsky in den 1970ern so treffend das »geborgte Elend« nannte: »Nichts gegen diejenigen, die als karitative Helfer selbst nach Vietnam gingen und dabei Leben und Gesundheit aufs Spiel setzten! Nichts gegen diejenigen, die vietnamesische Kinder adoptieren, die sonst wahrscheinlich dem Tode verfallen wären! [...] In allen diesen Handlungen ist immer noch die Konkretheit des christlichen Gebots ›Liebe deinen Nächsten‹ wirksam. Aber alles gegen diejenigen, die das Elend der kriegsgeplagten Vietnamesen zur Demonstration für ihre eigene Heilsherrschaftsansprüche verwenden und sich keinen Deut um das personhafte Schicksal ihrer Demonstrationsobjekte scheren!« Vielleicht ohne es zu wissen, hat Schelsky hier exakt die Botschaft vom Barmherzigen Samariter wiedergegeben. Andere zum Objekt der eigenen Ansprüche zu machen, ist die völlige Verkehrung des Gebots der Nächstenliebe, wie Jesus es gelehrt hat.

XXIII. DIE BEFREIENDE VERGEBUNG

Warum Vergeben nicht Vergessen bedeutet

Vor einigen Jahren sprach Papst Franziskus ein offenes Lob aus für Frauen, die ihren Männern nach einem Seitensprung vergeben: »Das ist Heiligkeit, die aus Liebe alles vergibt.« Ein großes Wort, möchte man meinen, doch nicht alle waren von dieser Aussage begeistert, am allerwenigsten Margot Käßmann, die sogleich mit einen »Einspruch!« in der Bild am Sonntag konterte. Der Papst verstehe nichts von Ehe und somit auch nichts von Ehebruch. Dieser sei für die betroffenen Frauen extrem schmerzhaft und könne daher nicht vergeben werden. Offenbar ist Frau Käßmann der Auffassung, dass Vergebung nur dann sinnvoll und angebracht ist, wenn sie einem leicht fällt, während man sich bei stark verletzenden Vergehen lieber in seinem Schmerz verkriechen und auf Rache sinnen sollte.

Doch wer hat je behauptet, dass Vergebung einfach sei? Papst Franziskus selbst formuliert in seinem Schreiben ›*MISERICORDIA ET MISERA*‹: »Wie viel Schmerz kann ein grollendes Wort, das eine Frucht von Neid, Eifersucht und Wut ist, hervorrufen! Wie viel Leid verursacht die Erfahrung der Untreue, der Gewalt und des Verlassenwerdens!« In was für einer wundervollen Welt würden wir leben, wenn es den Menschen leichtfiele, einander zu vergeben? Leider gehört Vergebung zu den schwierigsten Prozessen unter Menschen, natürlich gerade bei gravierenden Kränkungen. Deshalb hatte Franziskus dieses Verhalten ja ganz ausdrücklich als Heiligkeit beschrieben und damit jenseits der alltäglichen Sphäre angesiedelt.

Zugutehalten muss man der früheren Bischöfin womöglich, dass die Aussage des Papstes seinerzeit in den

Medien leicht verändert, um nicht zu sagen verzerrt wiedergegeben worden war. Fast unisono hieß es, Franziskus habe Frauen gelobt, »die ihren fremdgehenden Männern vergeben«. Der Teufel steckt hier im Detail der Zeitform. Wenn von Frauen die Rede ist, die ihren ›fremdgehenden‹ (Präsens!) Männern vergeben, dann klingt das so, als sollten sich Frauen mit diesem Verhalten ihrer Männer abfinden und mal ein Auge zudrücken. Genau das hatte der Papst aber nicht gemeint.

Ob bewusst oder unbewusst, die fälschliche Wiedergabe offenbart einen der klassischen Denkfehler beim Thema Vergebung. Diese für das christliche Leben so fundamentale Handlung bezieht sich auf etwas Vergangenes. Würde sie sich auf etwas Gegenwärtiges oder gar auf etwas Zukünftiges beziehen, so ginge es nicht um Vergebung, sondern um eine Erlaubnis. Es war eine der tragischsten Entwicklungen des mittelalterlichen Ablasswesens, dass gerissene Händler sogar vermeintliche Ablässe für zukünftige Sünden im Angebot hatten. Aber auch heute noch grassiert in vielen Gemeinden das, was der evangelische Theologe und Märtyrer Dietrich Bonhoeffer so treffend die »billige Gnade« nannte. Die moderne Form dieser Irrlehre nennt sich ›Hyper-Grace‹ und findet immer größeren Zulauf. Dabei warnt schon der Apostel Paulus eindringlich vor einem solchen Missbrauch der göttlichen Gnade: »Was sollen wir nun sagen? Sollen wir an der Sünde festhalten, damit die Gnade umso mächtiger werde? Keineswegs!« (Römerbrief 6,1–2) Bonhoeffer selbst schreibt: »Billige Gnade ist der Todfeind unserer Kirche. Unser Kampf heute geht um die teure Gnade. Billige Gnade heißt Gnade als Schleuderware, verschleuderte Vergebung, verschleuderter Trost, verschleudertes Sakrament; Gnade als unerschöpfliche Vorratskammer der Kirche, aus der mit leichtfertigen Händen bedenkenlos und grenzenlos ausgeschüttet wird; Gnade ohne Preis, ohne

Kosten. Das sei ja gerade das Wesen der Gnade, dass die Rechnung im voraus für alle Zeit beglichen ist. Auf die gezahlte Rechnung hin ist alles umsonst zu haben [...] Billige Gnade heißt Rechtfertigung der Sünde und nicht des Sünders.«

Der letzte Satz bringt einen entscheidenden Gedanken auf den Punkt. Bei der Rechtfertigung geht es um die Rechtfertigung des Sünders, nicht der Sünde. Würde die Sünde gerechtfertigt, käme dies wiederum einem Einverständnis gleich. Dasselbe gilt für das Prinzip der Vergebung. Ich kann einem anderen Menschen seine Schuld gar nicht vergeben, diese Macht ist allein Gott vorbehalten. Ich kann nur dem Menschen vergeben, der an mir schuldig geworden ist. Deshalb lehrt Jesus uns beten: »Vergib uns unsere Schuld, wie auch wir vergeben unseren Schuldigern.« Wir haben diesen Satz so oft gehört und gesprochen, dass uns diese feine Differenzierung womöglich nicht mehr auffällt. Doch mit höchster Präzision unterscheidet unser Herr hier zwischen der Schuld, die nur Gott vergeben kann, und den Schuldigern, denen wir vergeben sollen. Die Schuld, die sich ein Mensch mir gegenüber auflädt, bleibt bestehen, selbst wenn ich beschließe, ihm zu vergeben. Daher ist es auch nicht hartherzig, wenn man darauf hinweist, dass vergeben nicht vergessen bedeutet. Zeigt ein Mensch, nachdem man ihm Vergebung hat zuteilwerden lassen, keine Anzeichen von Besserung, ist es keineswegs unchristlich, sich von diesem fernzuhalten.

In der wohl berühmtesten biblischen Erzählung zum Thema ›Sünde und Vergebung‹ geht es ebenfalls um Ehebruch. Die Pharisäer führen eine Ehebrecherin zu Jesus mit der Frage, ob diese nun gesteinigt werden solle, wie es das Gesetz verlangt. Doch Jesus geht, geschickt wie immer, gar nicht erst auf die (Fang-)Frage ein und erwidert: »Wer unter euch ohne Sünde ist, der werfe den ersten

Stein auf sie« (Johannes 8,7), woraufhin sich die Menge auflöst. Der Frau aber sagt er: »Auch ich verurteile dich nicht. Geh und sündige von jetzt an nicht mehr!« Dieser Satz bringt die entscheidende Dialektik des Vergebungsprozesses zum Ausdruck. Vergebung bezieht sich einerseits auf etwas Vergangenes, ist aber andererseits auf die Zukunft gerichtet. Vergebung bedeutet Veränderung und Umkehr, für sich selbst und seinen Nächsten. Für mich bedeutet Vergebung Befreiung, Befreiung von Groll und Hass gegenüber meinem Nächsten. Für meinen Nächsten bedeutet Vergebung die Möglichkeit zum Neuanfang. Deshalb steht sie im Herzen des Evangeliums.

XXIV. DIE BRÜDERLICHE ZURECHTWEISUNG

Warum Anklagen und Richten verschiedene Dinge sind

»Richtet nicht, damit ihr nicht gerichtet werdet!« Diese Aufforderung gehört zu den bekanntesten Zitaten aus der Bergpredigt, um nicht zu sagen der Predigt Jesu überhaupt. Leider gehört sie – trotz oder vielleicht gerade wegen ihr Bekanntheit – auch zu den am stärksten missverstandenen Worten des Gottessohnes. Häufig wird sie einfach als eine Aufforderung zur Toleranz verstanden, nach dem Motto: Du bist auch nicht besser als die anderen, also halte Dich mit Kritik zurück! Daher gehört dieser Satz zur christlichen Hausapotheke all jener, die der Auffassung sind, in der Kirche solle doch jeder nach seiner Façon selig werden. In einer universitären Stellungnahme etwa ist zu lesen: »Wir sehen uns als Christen auch der Aussage Christi verpflichtet, »Richtet nicht, damit ihr nicht gerichtet werdet!« (Mt 7,1), deshalb sagen und versuchen wir zu leben, dass wir allen Menschen mit Toleranz begegnen, alles andere wäre Heuchelei. Toleranz meint aber nicht die bloße Akzeptanz, sondern auch den Respekt vor dem Lebensentwurf des anderen Menschen.« Dass selbst Akademiker den Unterschied zwischen Toleranz und Akzeptanz nicht mehr verstehen, wollen wir an dieser Stelle wohlwollend übergehen. Schlimmer ist nämlich, dass viele Menschen den Unterschied zwischen richten und anklagen nicht zu kennen scheinen.

Unser Grundgesetz kennt aus gutem Grund die staatliche Gewaltenteilung, also die Verteilung der Gesetzgebung (Legislative), der Gesetzesausführung (Exekutive) und der Gerichtsbarkeit (Judikative) auf drei verschiedene Staatsorgane. Aber auch bei einem Gerichtsprozess, insbesondere in der Strafprozessordnung, sind mehrere Gewalten vertreten: Die Staatsanwaltschaft als Teil der Exekutive klagt die (vermeintlichen) Täter vor Gericht an, der Richter als Teil der Judikative urteilt. Aus gutem Grund sind auch diese Tätigkeiten in verschiedene Hände gelegt. Wenn wir diese Aufteilung nun auf den kirchlichen Alltag übertragen, so fällt sogleich auf, warum das Gebot des Nicht-Richtens nur bedingt Anwendung finden kann. Es ist wahr: Als Christ steht es mir nicht zu, über meinen Bruder zu Gericht zu sitzen. Dieser Thron ist Gott vorbehalten. Sehr wohl aber habe ich das Recht und sogar die Pflicht, meinen Bruder zurechtzuweisen, wenn er vom rechten Weg abkommt. Jesus selbst gibt uns für solche Fälle die richtige Vorgehensweise an die Hand:

»*Wenn dein Bruder gegen dich sündigt, dann geh und weise ihn unter vier Augen zurecht! Hört er auf dich, so hast du deinen Bruder zurückgewonnen. Hört er aber nicht auf dich, dann nimm einen oder zwei mit dir, damit die ganze Sache durch die Aussage von zwei oder drei Zeugen entschieden werde. Hört er auch auf sie nicht, dann sag es der Gemeinde! Hört er aber auch auf die Gemeinde nicht, dann sei er für dich wie ein Heide oder ein Zöllner.*« (Matthäus 18,15–17)

In diesen wenigen Versen steckt so viel an Weisheit, dass man sie einmal gründlich gliedern muss.

1. Es muss eine Sünde vorliegen, gegen einen Nächsten oder gegen Gott, was ja, wie wir wissen, zwei Seiten derselben Medaille sind. Nun mag der Verweis auf das Vorliegen einer Sünde banal wirken, aber er erinnert daran, dass die Bewertung des Fehltritts auf Gottes Maßstab basieren muss, nicht auf der persönlichen Meinung. Damit etwas als ›Sünde‹ bezeichnet werden kann, muss es im Widerspruch zu Gottes Wort stehen. Es geht also um einen objektiven Maßstab.

2. Das Ziel der Konfrontation ist die Wiedergewinnung, also die Umkehr des Gegenübers, nicht seine Bestrafung. Darauf weist auch der Apostel Paulus hin: »Brüder und Schwestern, wenn ein Mensch etwa von einer Verfehlung ereilt wird, so helft ihm wieder zurecht mit sanftmütigem Geist, ihr, die ihr geistlich seid. Und sieh auf dich selbst, dass du nicht auch versucht werdest.« (Galaterbrief 6,1) In diesem Abschnitt ist auch die zweite Warnung interessant. Was meint Paulus, wenn der sich sorgt, dass der Zurechtweiser ebenso in Versuchung fallen könnte wie der Zurechtgewiesene? Geht es darum, dass er sich durch Umgang mit einem Sünder zur selben Sünde könnte hinreißen lassen? Schlechter Umgang verdirbt gute Sitten? Vielleicht, aber wahrscheinlicher ist, dass der Apostel davor warnen möchte, sich selbst durch seine Kritik über den anderen zu erhöhen, eine Versuchung, der insbesondere die Schriftgelehrten und Pharisäer erlegen sind. Das bringt uns auch schon zu unserem dritten Punkt.

3. Die Zurechtweisung geschieht zunächst unter vier Augen. Sie dient nämlich ebenso wenig der Bloßstellung wie der Strafe. Wer andere öffentlich bloßstellt, wie es heutzutage immer häufiger in Form von sog. ›Shitstorms‹ geschieht, hat nicht die Besserung des Angegriffenen zum Ziel, sondern seine eigene Selbstzufriedenheit. Auch die spätere Verstärkung durch andere bzw. die Gemeinde dient nicht der Einschüchterung des Sünders, sondern soll ihm lediglich vor Augen führen, dass es sich nicht um eine persönliche Meinung handelt (siehe Punkt 1), sondern eine von der Gemeinschaft als Sünde angesehene Handlung.

4. Die Konsequenz für den uneinsichtigen Sünder ist nicht seine Bestrafung, sondern sein Ausschluss aus der Gemeinde. Das mag zunächst wie eine Bestrafung wirken, ist aber nur eine logische Folge. Die Gemeinschaft Christi

folgt bestimmten Regeln, die ihr von ihrem Meister gegeben wurden. Wer gegen diese Regeln verstößt und noch dazu unwillig ist, sein Verhalten zu ändern, kann nicht länger Mitglied dieser Gemeinschaft sein – wobei man sich ohnehin fragen würde, warum er dies noch wünscht.

Zu dem hier beschriebenen Denkfehler hat die Kirche im Laufe ihrer Geschichte leider nur allzu oft selbst beigetragen, da sie sich immer wieder als Richterin über ihre Glieder erhoben und diese bestraft hat, anstatt sie mit brüderlichem Wohlwollen zurechtzuweisen. Diese Fehler der Vergangenheit sollten aber niemanden daran hindern, es heute besser zu machen. Den Sünder zurechtzuweisen, gehört zu den geistigen Werken der Barmherzigkeit.

XXV. DER WUNSCH NACH VERBESSERUNG

Warum man nur sich selbst, aber nicht die Welt ändern kann

»Wir können die Welt verbessern« und »Die Welt verändern« lauten gleich zwei Buchtitel der evangelischen Ex-Bischöfin, der wir bereits bei einem früheren Denkfehler (XXIII) begegnet sind. Das zweite Werk trägt überdies den aufschlussreichen Untertitel »Was uns der Glaube heute zu sagen hat«, was ja wohl, ohne um zu viele Ecken denken zu müssen, heißen soll, dass uns der Glaube heute zu sagen hat, dass und wie wir die Welt verändern können.

Da man gewissen ›Theologen‹ gar nicht erst mit dem Evangelium kommen sollte, wollen wir uns für diesen besonders tragischen Denkfehler zunächst psychologischen Rat holen, und zwar bei Jordan Peterson, Professor an der Universität von Toronto. In einem seiner Vorträge bringt es Peterson wunderbar auf den Punkt: »Es ist schwer, sich selbst im Griff zu haben, es ist wirklich schwer, seine Familie im Griff zu haben, warum zum Teufel glauben Sie, dass Sie die Welt im Griff haben können? Denn offensichtlich ist die Welt komplizierter als Sie und Ihre Familie. Wenn Sie also in Ihren Versuchen, ihre eigenen Probleme zu lösen, festgefahren sind, dann würde man doch meinen, dass Sie deshalb sehr, sehr zurückhaltend sind, wenn es darum geht, Ihre groß angelegten Pläne für eine soziale Revolution zu verkünden.« Ja, das sollte man in der Tat meinen, aber Peterson hat, wie auch wir, festgestellt, dass zahlreiche Menschen dazu neigen, sich lieber um die Verbesserung der Welt zu kümmern als um ihr eigenes überschaubares Leben.

Dieser Denkfehler ist weit mehr als nur ein Denkfehler, er ist Sünde, denn er entspringt unmittelbar dem Hochmut. Dieser kommt zwar bekanntlich vor dem Fall, aber genau da liegt das Problem. So schmerzhaft der Fall für gewöhnlich ist, er wirkt auch als heilsamer Schock, der den Betroffenen von seiner Überheblichkeit kurieren kann. Doch leider tritt dieser Effekt hier nicht ein. Wenn die eigenen Pläne zur Weltverbesserung – zur großen Überraschung aller – nicht fruchten, so gibt man der Welt dafür die Schuld, aber keinesfalls sich selbst. Somit wird die unselige Selbstüberschätzung nicht durchbrochen, sondern vielleicht sogar noch größer, die Weltverbesserungspläne noch extremer.

Es entbehrt einer gewissen Ironie nicht, dass oft behauptet wird, die radikalen Forderungen Jesu seien nicht erfüllbar, während man sich andererseits imstande wähnt, die ganze Welt zu beeinflussen. Nun mag man zugestehen, dass Forderungen wie Feindesliebe durchaus radikal sind, ganz zu schweigen von solchen Anweisungen, sich das eigene Auge auszureißen, wenn es zum Abfall verführt. Aber eines sollte beachtet werden: Jesus richtet sich immer an den Einzelnen und verlangt nichts, was nicht zumindest technisch in dessen Macht läge. Das gilt auch für die berühmte Forderung an den reichen Jüngling, alles zu verkaufen, was er hat und es den Armen zu geben. Aus dieser Weisung lässt sich kein sozialpolitisches System ableiten. Das Gebot ist nicht auf die Gesamtheit übertragbar – allein schon deshalb, weil dann ja kein Käufer mehr übrig bliebe. Jesus traf in seinem Leben auch auf andere wohlhabende Menschen, denen er nichts dergleichen mit auf den Weg gab. Diese Aufforderung galt dem reichen Jüngling und ihm allein, vielleicht nur, um dem vermeintlich Vollkommenen seine eigenen Grenzen aufzuzeigen.

Auch der Apostel Paulus beschäftigt sich in seinen Briefen nicht ein einziges Mal mit gesellschaftspolitischen Veränderungen. Im Gegenteil! Man vergegenwärtige sich, dass sein Brief an die Gemeinde in Rom zu einer Zeit verfasst wurde, als Nero auf dem römischen Kaiserthron saß – ein Mann, an dessen Politik es mit Sicherheit das eine oder andere auszusetzen gegeben hätte. Doch ausgerechnet in diesem Brief findet sich der unmissverständliche Appell, sich der staatlichen Gewalt unterzuordnen, da diese von Gott eingesetzt sei. Papst Benedikt XVI. hat in seiner Enzyklika SPE SALVI genau diesen Aspekt des Evangeliums herausgestellt: »Das Christentum hatte keine sozialrevolutionäre Botschaft gebracht, etwa wie die, mit der Spartakus in blutigen Kämpfen gescheitert war. Jesus war nicht Spartakus, er war kein Befreiungskämpfer wie Barabbas oder Bar-Kochba. Was Jesus, der selbst am Kreuz gestorben war, gebracht hatte, war etwas ganz anderes: die Begegnung mit dem Herrn aller Herren, die Begegnung mit dem lebendigen Gott und so die Begegnung mit einer Hoffnung, die stärker war als die Leiden der Sklaverei und daher von innen her das Leben und die Welt umgestaltete. Was neu geworden war, wird am deutlichsten im Brief des heiligen Paulus an Philemon. Dies ist ein ganz persönlicher Brief, den Paulus im Gefängnis schreibt und dem davongelaufenen Sklaven Onesimus für seinen Herrn – eben Philemon – mitgibt. Ja, Paulus schickt den zu ihm geflohenen Sklaven an seinen Herrn zurück, nicht befehlend, sondern bittend: ›Ich schicke ihn zu dir zurück, [...] nicht mehr als Sklaven, sondern weit mehr: als geliebten Bruder‹ (Phlm 10–16). Die Menschen, die ihrem zivilen Status nach sich als Herren und Sklaven gegenüberstehen, sind als Glieder der einen Kirche einander Brüder und Schwestern geworden [...] Das änderte, auch wenn die äußeren Strukturen gleich blieben, von innen her die Gesellschaft.«

Hat man diesen zentralen Gedanken einmal verstanden, wird man auch andere Worte des Apostels nicht mehr missverstehen, wie etwa seine berühmten Zeilen an die Galater: »Denn ihr seid alle durch den Glauben Gottes

Kinder in Christus Jesus. Denn ihr alle, die ihr auf Christus getauft seid, habt Christus angezogen. Hier ist nicht Jude noch Grieche, hier ist nicht Sklave noch Freier, hier ist nicht Mann noch Frau; denn ihr seid allesamt einer in Christus Jesus.« Nur ideologische Fanatiker können hierin ernsthaft eine Aufhebung geschlechtlicher oder nationaler Identitäten sehen. Denn gerade die weltlichen Unterschiede stellt Paulus ja nicht in Frage, wie wir es bei seinem Vorgehen im Fall des Onesimus, aber auch bei seinen zahlreichen Ratschlägen für das Familienleben sehen können. Aufgehoben sind diese Unterschiede lediglich in Christus, vor dem alle diese Faktoren keine Rolle mehr spielen.

Das Evangelium richtet sich an den Einzelnen, nicht an das Kollektiv. Es ruft den Einzelnen zur Buße, zur Umkehr, zur Veränderung auf. Wem das nicht genug ist, der möge erst einmal zeigen, dass er diesem Ruf zu folgen bereit ist.